D1703849

Heinrich Terlutter

DAS NATURSCHUTZGEBIET
HEILIGES MEER

LWL-Museum für Naturkunde
Westfälisches Landesmuseum mit Planetarium
Landschaftsverband Westfalen-Lippe

Münster 2009

IMPRESSUM

Anschrift des Autors
Dr. Heinrich Terlutter
LWL-Museum für Naturkunde
Außenstelle „Heiliges Meer"
Bergstr. 1
49509 Recke

Bildquellen
H. Brück: S. 107.
M. Bußmann: S. 67, 77 (2), 79 (2), 81 (2), 83 (2), 85 unten, 97 oben.
J.O. Kriegs: S. 48, 88 (2), 92, 93.
H. Messerschmidt: S. 50 (2), 51 (6), 52, 72 (3), 63, 64, 76 (2).
B. Oblonczyk: S. 6, 9, 15, 102, 105.
H. Ostermann: S. 17.
H.O. Rehage: S. 23, 24, 45 oben, 53, 54 oben links, unten links, rechts, 56 (2), 57, 59, 53, 55.
R. Schmitz: S. 76.
H. Terlutter: Rückseite, S. 14, 38, 44, 45 unten, 46, 54 Mitte (2), 47, 51, 54, 56, 62, 82, 85 oben, 96, 97 unten, 98, 99, 100, 106, 107 unten.
G. Thomas: Titel.
LWL-Museum für Naturkunde Münster: S. 11, 12, 16, 17.

ISBN
978-3-940726-01-8

Herausgeber
Dr. Alfred Hendricks, LWL-Museum für Naturkunde Münster
© 2009 Landschaftsverband Westfalen-Lippe, unveränderter Nachdruck 2016

Alle Rechte vorbehalten. Kein Teil des Werkes darf in irgendeiner Form ohne schriftliche Genehmigung des LWL reproduziert oder unter Verwendung elektronischer Systeme verarbeitet, vervielfältigt oder verbreitet werden.

Inhaltsverzeichnis

Grußwort 5
1. Einleitung 7
2. Geschichte 9
   2.1 Der Name „Heiliges Meer" 9
   2.2 Die Geschichte der Gewässer 11
   2.3 Das Naturschutzgebiet 14
   2.4 Die Außenstelle „Heiliges Meer" 15
3. Geologie 18
   3.1 Übersicht 18
   3.2 Münder-Mergel und die Entstehung der Erdfälle 21
   3.3 Quartäre Ablagerungen und Bodenbildung 24
4. Hydrologie 25
   4.1 Regenwasser 25
   4.2 Grundwasser und Grundwasserströme 27
   4.3 Stillgewässer 29
   4.4 Fließgewässer 33
5. Lebensräume 37
   5.1 Gewässer 39
   5.2 Heide 44
   5.3 Wälder 47
6. Pflanzenwelt 49
   6.1 Algen 49
   6.2 Pilze 52
   6.3 Moose 57
   6.4 Flechten 58
   6.5 Gefäßpflanzen 60
7. Tierwelt 67
   7.1 Protozoen (Protisten) 68
   7.2 Strudelwürmer 70
   7.3 Nematoda 71
   7.4 Gastrotricha 72
   7.5 Rotatoria 72

7.6 Schnurwürmer ... 73
7.7 Weichtiere ... 73
7.8 Ringelwürmer ... 73
7.9 Bärtierchen ... 74
7.10 Spinnen ... 75
7.11 Krebstiere ... 75
7.12 Tausendfüßer ... 77
7.13 Libellen ... 77
7.14 Heuschrecken ... 79
7.15 Köcherfliegen ... 80
7.16 Käfer ... 80
7.17 Zweiflügler ... 82
7.18 Hautflügler ... 83
7.19 Fische ... 83
7.20 Amphibien ... 84
7.21 Reptilien ... 85
7.22 Vögel ... 86
7.23 Säugetiere ... 92
8. Naturschutz ... 95
  8.1 Schutzziele ... 95
  8.2 Gefährdung ... 97
  8.3 Schutzmaßnahmen ... 98
  8.4 Perspektiven ... 100
9. Erholung und Tourismus ... 103
10. Außenstelle „Heiliges Meer" ... 105
  10.1 Infrastruktur ... 105
  10.2 Naturraumvoraussetzung ... 106
  10.3 Kursangebot ... 106
11. Literatur ... 108
12. Anhang ... 115

Grußwort

Auf Initiative des ehemaligen Direktors des Naturkundemuseums in Münster, Dr. Hermann Reichling, kaufte der Westfälische Provinzialverband, dessen Rechtsnachfolger der Landschaftsverband Westfalen-Lippe (LWL) ist, 1927 das damals aus drei Teilstücken bestehende 55 ha große Heidegebiet. Dazu gehörten die großen Gewässer im sogenannten „Heiligen Feld" sowie das dortige Gebäude, welches seit dieser Zeit als Außenstelle genutzt wird. Seitdem gehört es organisatorisch zum heutigen LWL-Museum für Naturkunde in Münster.

Das LWL-Museum für Naturkunde des Landschaftsverbandes Westfalen-Lippe (LWL) unterhält am Rande des seit 1930 geschützten Naturschutzgebietes „Heiliges Meer" eine Außenstelle. Dort werden für alle naturkundlich Interessierten ganzjährig ein- und mehrtägige Kurse angeboten. Die Teilnehmer erkunden das Naturschutzgebiet auf Exkursionen, nutzen die Arbeitsplätze im Seminar- und Kursraum, übernachten in der Außenstelle und werden auch dort verpflegt. Das Labor ist für einfache Gewässeranalysen und biologische Untersuchungen ausgestattet.

Die geologische Besonderheit des Untergrundes hat in diesem Gebiet zur Bildung von zahlreichen Erdfallseen geführt. Diese Besonderheiten bilden die naturräumlichen Voraussetzungen für eine Vielzahl verschiedener Kursthemen und wissenschaftlicher Untersuchungen. Aufgrund seiner Beschaffenheit ist das Naturschutzgebiet „Heiliges Meer" sehr beliebt bei Ausflüglern. Es bietet auf Wanderwegen die Möglichkeit zu Naturbeobachtungen von natürlichen Ökosystemen wie Seen, Tümpeln und Wäldern sowie Elementen historischer Kulturlandschaft, etwa Heiden und Feuchtgrünland.

Als Mitte der 80er Jahre der Wunsch aufkam, eine wesentlich engere Verknüpfung der Außenstelle mit den Aufgaben des LWL-Museums für Naturkunde in Münster zu schaffen, entstand ein neues Konzept des aktiven Miterlebens und Miterfahrens der Natur. Dieses Angebot erreichte weite Kreise der Öffentlichkeit. So hat sich die Außenstelle am Heiligen Meer inzwischen längst als eine wichtige Weiterbildungseinrichtung zu Themen der Ökologie und des Naturschutzes etabliert. Die stetig steigende Anzahl an Kurs- und Seminarteilnehmern sowie an Angeboten zeigt, dass die Außenstelle als außerschulischer Lernort bei Schülern und Lehrern aber ebenso bei Ausflüglern und anderen naturkundlich interessierten Menschen sehr beliebt ist. Leiter der Außenstelle ist heute Dr. Heinrich Terlutter, der Autor des vorliegenden Buches.

Dieses Buch gibt allen Interessierten einen umfassenden Überblick über die Entstehung, die Geologie und die Hydrologie, die Flora und die Fauna des Gebietes. Lernen Sie die einzigartige Natur dieses Gebietes kennen. Sowohl die Teilnehmer an den mehrtägigen Kursen am „Heiligen Meer" als auch die Tagesbesucher werden dieses Buch als anschauliche Informationsquelle nutzen können.

Dr. Wolfgang Kirsch
LWL-Direktor

1. Einleitung

Das Naturschutzgebiet Heiliges Meer verdankt seine Einrichtung den Bemühungen des ehemaligen Direktors des Provinzialmuseums für Naturkunde in Münster, Dr. Hermann Reichling. In seiner Begründung für den Kauf des zunächst knapp 55 ha umfassenden Gebietes, des „größten Binnengewässers Westfalens, dessen Umgebung zahlreiche Heide- und Hochmoorformationen mit bedeutenden Brutvorkommen aufwies", schrieb Reichling 1927: „Wie es bei keinem anderen Gewässer der Provinz Westfalen der Fall ist, sind hier ohne Ausnahme sämtliche Stadien der Entwicklung der Pflanzenwelt von der Flora des freien Wassers bis zur Schlussformation des Hochmoores zu beobachten. Von ganz besonderem floristischem Interesse ist die Tatsache, dass die Pflanzenwelt des „Heiligen Meeres" und seiner Umgebung wegen der Ursprünglichkeit und Unberührtheit noch heute eine beträchtliche Anzahl von Arten aufweist, die infolge der immer weiter fortschreitenden Kultivierung der Moore und Trockenlegung der natürlichen Gewässer schon äußerst selten geworden sind. Dasselbe gilt naturgemäß auch von der Tierwelt des Sees" (zitiert nach DITT 1992).

Diese herausragenden Merkmale des Gebietes waren schon frühzeitig Anlaß für wissenschaftliche Untersuchungen und für Exkursionen und Seminare von verschiedenen Universitäten. Ein um die Jahrhundertwende errichtetes Wohnhaus in unmittelbarer Nähe des Naturschutzgebietes wurde für Unterrichtszwecke und zur Übernachtung genutzt. Ende der fünfziger Jahre waren für den damaligen Direktor des Landesmuseums für Naturkunde in Münster, Prof. Dr. Ludwig Franzisket, der besondere Wert des Gebietes für Forschung und Lehre und die günstige Voraussetzung, die eine direkte Nähe zum Naturschutzgebiet hierfür haben würde, der Anlass, eine moderne Biologische Station am Naturschutzgebiet Heiliges Meer zu fordern. Auf seine Initiative wurde 1959 mit dem Bau einer Biologischen Station begonnen, die 1961 ihren Betrieb aufnehmen konnte.

Für den Naturschutz und für ökologische Forschungen ist die Bedeutung des Naturschutzgebietes Heiliges Meer nach wie vor groß. Die Vielzahl und Vielfalt der Gewässer auf engem Raum bei ähnlichen Umweltbedingungen bieten gute Vergleichsmöglichkeiten hinsichtlich Besiedlung, Chemismus, Temperatur, Trophiegrad u.a.m. (BEYER 1969). Für wissenschaftliche Untersuchungen, die sich mit naturnahen und nährstoffarmen Lebensräumen in der pleistozänen Landschaft Nordwestdeutschlands beschäftigen, dient das Naturschutzgebiet als Beispiel- und Referenzgebiet. Die große Nachfrage nach den Kursen und dem Informationsangebot der Biologischen Station (die Station ist für zwei Jahre im voraus ausgebucht) belegt das Interesse an den Möglichkeiten zur Demonstration und Erläuterung ökologischer Grundlagen.

Seit 1986 wird die Biologische Station Heiliges Meer auch namentlich als Außenstelle des LWL-Museums für Naturkunde in Münster geführt. „Das Kennenlernen westfälischer Arten ist Grundvoraussetzung, sich später wirkungsvoll für die Umwelt einzusetzen. Deshalb sind Pflanzen- und Tierbestimmungen wichtige Aufgabengebiete für die Kursteilnehmer. So sinnvoll z.B. die museale

Abb. 1:
Foto Großes Heiliges Meer.

Darbietung von einzelnen Vogelstimmen sein mag, so kann das sichere Bestimmen der Arten nur durch Schulung in freier Natur erworben werden. Wichtiges Ziel der Arbeit in der Außenstelle ist das Vermitteln von Wechselbeziehungen von Pflanzen, Tieren und Menschen untereinander, vor allem auch die Untersuchung ihrer Abhängigkeit von natürlichen und anthropogenen Einflüssen" (HENDRICKS 1992).

Das vorliegende Buch stellt die Geologie, Hydrologie, Flora und Fauna des Naturschutzgebietes Heiliges Meer vor. Grundlagen hierfür sind die zahlreichen wissenschaftlichen Publikationen, die die verschiedenen naturwissenschaftlichen Aspekte im Gebiet behandeln. Diese zusammenfassende Dartellung will allen am Naturschutzgebiet Interessierten, insbesondere den Teilnehmern der Kurse und Seminare in der Außenstelle den Zugang zur Vielfalt der Tier- und Pflanzenwelt und zu den ökologischen Verknüpfungen erleichtern. Durch die z.T. detaillierte Darstellung einzelner Aspekte kann das Buch auch als Arbeitsgrundlage spezieller Kurse dienen. Eine Basis für weitere wissenschaftliche Untersuchungen bietet das Literaturverzeichnis.

Ein wichtiges Thema des Buches, dem nicht nur ein eigenes Kapitel gewidmet ist, sondern das auch an vielen weiteren Stellen behandelt wird, ist die Naturschutzsituation des Gebietes und seine aktuelle Gefährdung. Durch die Gegenüberstellung der zahlreichen schützenswerten Besonderheiten des Naturschutzgebietes und ihrer Bedrohungen sollen Besucher, Kursteilnehmer, aber besonders in Politik und Verwaltung Tätige für weiterhin notwendige Anstrengungen zum Erhalt des „Heiligen Meeres" gewonnen werden.

Durch seine Kombination von naturnahen, nährstoffarmen Lebensgemeinschaften und den eng benachbarten Gewässern mit unterschiedlichen Nährstoffgehalten ist das Naturschutzgebiet Heiliges Meer einzigartig für Nordwestdeutschland, aber gerade die Nährstoffarmut ist durch anthropogene Eutrophierung in höchstem Maße bedroht. Weitere Schutzbemühungen sind dringend und sofort erforderlich.

Mein besonderer Dank gilt Heinz Otto Rehage, dem ehemaligen Leiter der Außenstelle „Heiliges Meer", der mich durch seine umfangreichen Kenntnisse und stete Hilfsbereitschaft in großem Maße unterstützt hat.

2. Geschichte

2.1 Der Name „Heiliges Meer"

Das Naturschutzgebiet Heiliges Meer wurde nach seinem größten Gewässer, dem Großen Heiligen Meer benannt. Der Landschaftsteil, in dem sich das Große Heilige Meer und das nordöstlich außerhalb des Schutzgebietes liegende Kleine Heilige Meer befinden, trägt den Flurnamen „Heiliges Feld".

Über die Entstehung des „Heiligen" Meeres und über seinen Namen gibt es mehrere Sagen und Legenden. Die älteste schriftliche Fassung einer Sage über das Heilige Meer stammt von 1825 aus „Münsterische Geschichten, Sagen und Legenden" (DOLLE 1933). Dort, wo sich heute das Große Heilige Meer befindet, soll ein Kloster gestanden haben, dessen Mönche ein üppiges und lasterhaftes Leben geführt haben sollen. DOLLE (1933) gibt eine Version dieser Sage wieder: „Essen und Trinken waren ihre Hauptbeschäftigungen und besonders bei ihren Abendmahlzeiten floss der Wein in Strömen. Ein Laster erzeugt das andere, aus der Unmäßigkeit entstand die Unkeuschheit.

Zwischen Spelle, Salzbergen und Rheine lag damals und liegt noch jetzt das Gut Venhaus. Dort wohnte ein Ehepaar mit einer blühenden Tochter. Abwechselnd besuchten Vater oder Mutter mit ihrem Kinde den Gottesdienst in der Klosterkirche. Die Mönche sahen die schöne Jungfrau und hätten sie gern in ihre Gewalt gebracht. Als eines Abends die Eltern verreist waren, erschien auf Venhaus ein Bettler und bat um ein Nachtquartier. Nach gutem alten Brauch versagte die Tochter dem fremden Bettler die Gastfreundschaft nicht, nahm ihn auf in das Haus und ließ ihn speisen und tränken. Als man zur Ruhe gehen wollte, zog Brandgeruch durch das Haus, bald stand es in Flammen. Jeder rettete, was er konnte. Der Fremde bat das Fräulein, sich bis zur Heimkehr der Eltern seinem Schutze anzuvertrauen. Er führte sie vor das Tor des Gutes; dort standen mehrere verkleidete Männer und brachten sie auf Umwegen zu dem Kloster, wo man sie in eine Zelle einschloss.

Im Kloster lebte zu der Zeit ein frommer, alter Pförtner, namens Johannes. Er musste die Entführte mit Speise und Trank versorgen und ver-

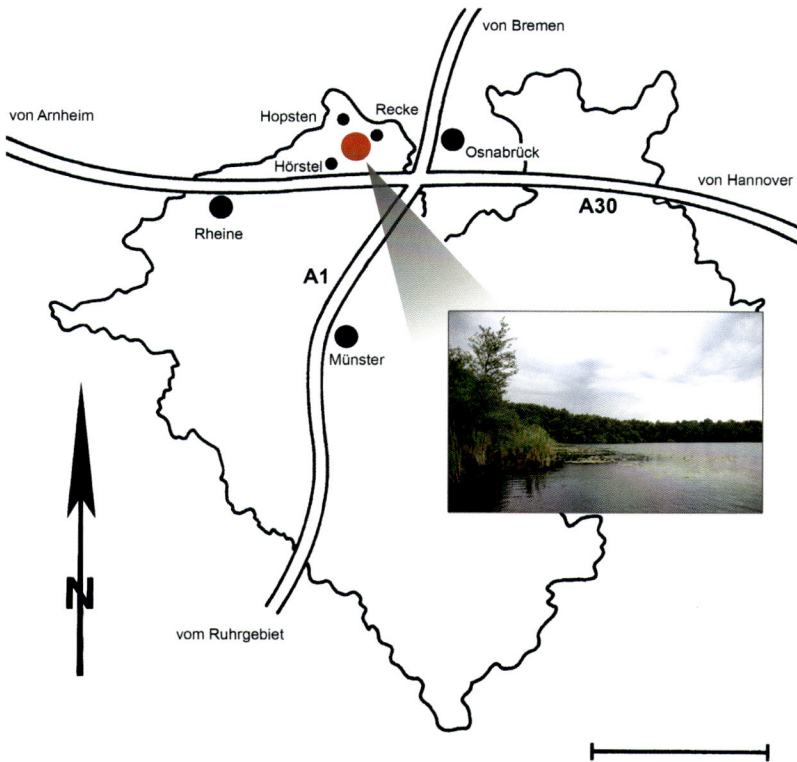

Abb. 2:
Lage des Naturschutzgebietes Heiliges Meer.

sprach ihr, sie zu ihren Eltern zurückzubringen. Der folgende Tag war schwül und heiß. Gegen Abend bedeckte sich der Himmel, Gewitterwolken türmten sich auf und immer lauter klang das Rollen des Donners. Da pochte jemand an die Klosterpforte, ein heimkehrender Reiter war es, der vor dem Gewitter Schutz suchte. Johannes ließ ihn ein und nahm ihn mit in seine Zelle. Der Reiter schien ihm von Gott gesandt, und offen bat er um seine Hilfe zur Rettung der Gefangenen. Als der Reiter den Namen Venhaus hörte, fuhr er auf und verlangte das Mädchen zu sehen. Nach wenigen Minuten schäumten zwei junge Herzen über in unerwartetem Glück. In der öden Klosterzelle feierte ein verlobtes Paar ein glückliches Wiedersehen nach langer Trennung. Trotz des strömenden Regens und der unaufhörlich niederzuckenden Blitze verließen die drei den Ort des Lasters, so schnell sie konnten. Die Mönche merkten davon nichts, sie hielten bei Donner und Blitz ein wüstes Gelage. Kaum hatten sich die Fliehenden entfernt, so fuhr ein Strahl hernieder und traf das Kloster, in dem nun die zechenden Mönche ein grauenvolles Ende fanden. Am Abhang des Dickenberges stand ein einsames Häuschen im Walde. Darin fanden die Geretteten ein Unterkommen für die beginnende Nacht. Als sie am anderen Morgen in das Tal hinabsahen, waren die Klostergebäude verschwunden. An ihrer Stelle lag eine große Wasserfläche, von der ein Rauch aufstieg wie einst vom Toten Meere nach dem Untergang von Sodom und Gomorrha... Wer jetzt zum Heiligen Meere wandert, findet meist nichts Absonderliches daran ... Wenn aber ein hellsehender Wanderer vorbeikommt und mit großen, weitoffenen Kinderaugen hineinstaunt in die Tiefe, dann offenbart der See das Geheimnis, das er birgt. Das Bild des versunkenen Klosters erscheint auf seinem Grunde, und man hört den Klang der Glocken und das ‚Media in Vita' der büßenden Mönche. Erschauernd bekreuzt sich der Wanderer. Still geht er weiter, gedenkt seiner eigenen Sünden und betet andächtig ein ‚Misericordias domini' für die armen Seelen der Versunkenen."

Es hat verschiedene Ansätze gegeben, den wahren Kern dieser Geschichten herauszufinden und eine zeitliche Eingrenzung zu ermöglichen. Aufgrund historischer Quellen versucht DOLLE (1933) nachzuweisen, dass an der Stelle des heutigen Großen Heiligen Meeres ein Klostergut gestanden hat. Im ältesten Heberegister des Klosters Werden von 890 n. Chr. wird für den Venkigau, zu dem auch das Gebiet des Heiligen Meeres gerechnet wird, ein Klostergut „Thankulashuti" genannt, das in späteren Heberegistern (ca. 940) nicht mehr erwähnt wird. Es ist auch nicht möglich, einen heutigen Ortsnamen dieser Gutsbezeichnung zuzuordnen. Dieses Fehlen in den jüngeren Urkunden führt Dolle auf das plötzliche Verschwinden des Klostergutes Thankulashuti zurück. Das Große Heilige Meer wäre demnach um 900 n.Chr. entstanden. Für seine Deutung muss sich Dolle aber wesentlich auf die Sage von der Entstehung des Heiligen Meeres stützen, da sie den einzigen Zusammenhang des Verschwindens eines Klostergutes mit der Entstehung dieses Gewässers liefert.

Seine Deutung wird daher von HUNSCHE (1975) abgelehnt. HUNSCHE legte seinen Ausführungen allein historische Quellen zugrunde. Demnach wird das Große Heilige Meer erstmals in einer Urkunde des Kaisers Otto vom 15. Juli 965 als Grenzpunkt genannt, an dem sich die Grenzen der drei Gaue Venki-, Threcwiti- und Bursibant-Gau treffen. In dieser Urkunde heißt das Große Heilige Meer noch Drevanameri, was HUNSCHE als Dreigrenzenmeer übersetzt (dre = drei; vana = wanda = Gewann, Gemarkung; meri = Meer, See). Die alten Markengrenzen sind in Karten von 1564 und von 1616 dargestellt, der Schnittpunkt oder „Dreipunkt" dieser Grenzen liegt mitten im „Großen Heiligen Meer".

Der ursprüngliche Name „Drevanameri" scheint schon früh vom Volksmund durch die Bezeichnung „Heiliges Meer" oder „Hilliges Meer" ersetzt worden zu sein. Das „Heilig" oder „Hillig" in dieser Bezeichnung hat aber nichts mit dem heute geläufigen „heilig" zu tun, sondern ist zurückzuführen auf einen Wortstamm „hel" oder „hil" (im Niederdeutschen „hillig" = schlimm, arg; „hilliger Zahn" = schmerzender Zahn), oder aber, was wahrscheinlicher ist, auf das altsächsische „hola", mittelniederdeutsch „hol" (= Bruch, Loch, Tiefe). Danach könnte „Heiliges Meer" ein „Bruchmeer" oder „tiefes Meer" bedeuten, ebenso kann auch das „Heilige Feld" in dieser Gegend als „Bruchfeld" gedeutet werden (HUNSCHE 1975). Nachdem aber diese ursprünglichen Bedeutungen des Namens vergessen waren, lud das „Heilige" Meer zur Legendenbildung ein.

2.2 Die Geschichte der Gewässer

Die Sage vom plötzlichen Verschwinden eines Klosters oder Klostergutes erhielt neuen Auftrieb, als am 14.4.1913 in unmittelbarer Nähe des Großen Heiligen Meeres in kürzester Zeit und ohne Vor-

warnung ein weiteres Gewässer entstand, der „Erdfallsee". Der Geologe TIETZE (1913) berichtet: Am 14. April 1913, zwischen 6.00 und 7.00 Uhr nachmittags, brach wenige hundert Meter westlich der Wirtschaft zum ‚Heiligen Meer' an der Chaussee von Ibbenbüren nach Hopsten der Boden der Heide auf einer etwa kreisförmigen Fläche von etwas über 100 m Durchmesser ein, und zwar derartig, dass eine oben fast zylindrische, unten mehr konisch-trichterförmige Einsenkung von über 10 m Tiefe entstand, die zunächst fast vollkommen trocken war und auf deren Grund die Birken und Kusselkiefern, mit denen die Heide in jener Gegend dürftig bestanden ist, aufrecht in die Höhe ragten. Um 6.00 Uhr war ein Bewohner jener Gegend noch über die Stelle gegangen, ohne dass ihm etwas aufgefallen wäre. Und um 7.00 Uhr trat an mehreren Punkten der Erdoberfläche in der Nähe des Erdfalls Wasser aus, eine Er-

Abb. 3:
Der große Erdfall kurz nach dem Einbruch am 14.4.1913. Rechts im Hintergrund steht am Wasser ein Mensch als Größenvergleich.

Abb. 4:
Der Erdfall füllt sich langsam mit Grundwasser und Regenwasser.

scheinung, die bald wieder verschwand, aus der man aber, da sie bei der hohen Elastizität des Wassers unmittelbar auf den Einbruch der Erdmassen gefolgt sein muss, den Schluss ziehen kann, dass ein längerer Zeitraum kaum zwischen den beiden Ereignissen verstrichen sein dürfte. Von einem Geräusch oder einer besonders fühlbaren Erschütterung, die den Vorgang begleitet hätten, ist offenbar nichts bemerkt worden. Wenigstens ist den in nächster Nähe des Erdfalls angesessenen Bewohnern des Wirtshauses zum ‚Heiligen Meer' nichts aufgefallen."

Der Münsteraner Geologe WEGNER (1913), der zwei Tage nach dem Einbruch das Gebiet besuchte, ergänzt diese Angaben: Gegen 7.00 Uhr nachmittags trat Wasser östlich von dem Hause des Akkerers H. Moos an zahlreichen Stellen aus dem Boden; das gleiche geschah zur selben Zeit in der nächsten Umgebung des Gehöftes Wulf und südlich von Hespeling. In den Brunnen der drei Gehöfte soll zusammen damit der Wasserspiegel gestiegen und in einem Fall das Wasser auch mit Schaum bedeckt gewesen sein. Ein Knabe, der sich mit einem Kahne auf dem Kleinen Heiligen Meere befand, beobachtete das Aufwallen des Wassers in diesem See um die gleiche Stunde.

Zunächst war die Einbruchstelle trocken, füllte sich aber schnell mit Wasser. Dies geschah sowohl durch Oberflächenwasser, besonders aber durch einsickerndes Grundwasser. Durch Abrutschen der zunächst steilen Uferwände und durch fortgesetzte Erosion durch Wellenschlag entstand die heutige Gewässergestalt.

Dieses auch fotografisch dokumentierte Ereignis war eine gute Ausgangsposition, um auch die Entstehung des Großen Heiligen Meeres zu analysieren. Durch geomorphologische Untersuchungen konnte LOTZE (1956) die große Ähnlichkeit in der Gestalt zwischen dem wenige Jahrzehnte alten Erdfallsee und dem mindestens 1000 Jahre alten Großen Heiligen Meer zeigen (Abb. 5). In beiden Fällen bildete sich die schüsselförmige Vertiefung in direktem Kontakt zu einem bereits vorhandenen Flachsee bzw. einer vermoorten Niederung, so dass heute an das tiefe Seebecken eine flache Zone angrenzt, die im Großen Heiligen Meer weitgehend mit Röhricht bewachsen ist. Aus der großen Ähnlichkeit kann auf die gleiche Art der Entstehung geschlossen werden. Vor mehr als 1000 Jahren ist demnach auch das Große Heilige Meer durch einen Erdfall entstanden, der vermutlich einen Durchmesser von 200 – 230 m hatte (Erdfallsee: 110-115 m Durchmesser).

Eine Untersuchung der Umgebung des Erdfallsees und des Großen Heiligen Meeres erfasste weitere 60 Senkungsformen, die aber eine geringere Tiefe aufweisen, z.T. nur sehr flach und im Gelände schwierig erkennbar sind (LOTZE 1956). Diese Senkungen liegen in einem 4,5 km langen und 1,5 km breiten Streifen, der sich in SW-NO-Richtung erstreckt.

Die Erklärung für die Entstehung dieser Senkungsformen liegt im besonderen Aufbau des geologischen Untergrundes. LOTZE (1956) entwickelte

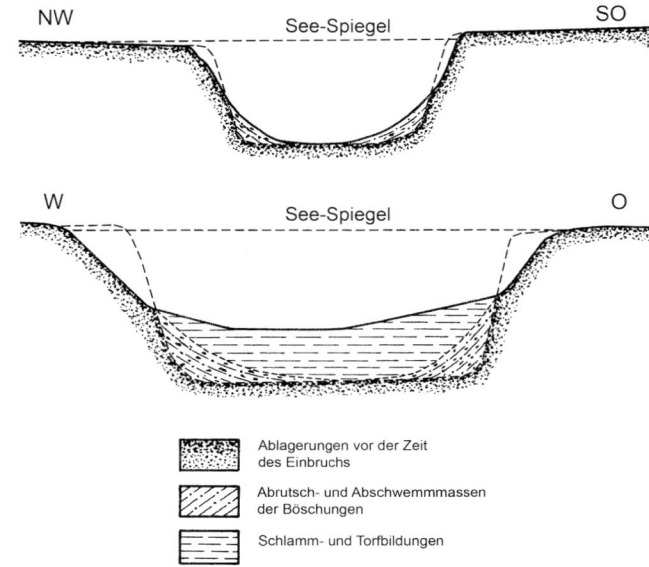

Abb. 5: Querschnitt durch den Einbruch des Erdfallsees (oben) und durch den Einbruch des Großen Heiligen Meeres (unten); durchgezogene Linie: heutige Bodenoberfläche, gestrichelte Linie; rekonstruierte Bodenoberfläche unmittelbar nach dem Einbruch (nach Lotze 1957).

ein Modell des geologischen Baus, doch haben spätere Untersuchungen ein modifiziertes Bild geliefert (vgl. Kap. 3).

Über das Alter des Großen Heiligen Meeres geben die pollenanalytischen, vergleichend-vegetationskundlichen und siedlungsgeschichtlichen Untersuchungen von SCHROEDER (1957) und BARTH (2002) Hinweise. Nach der Häufigkeitsverteilung der Buchen- und Haselpollen im Sediment des Großen Heiligen Meeres ist das Gewässer frühestens um 600 v. Chr. entstanden. Da das Große Heilige Meer erstmalig 965 n. Chr. urkundlich erwähnt wurde, muss der Zeitpunkt des Erdfalls also zwischen 600 v. Chr. und 900 n. Chr. liegen. Einige Anzeichen, vor allem die Häufigkeitsverteilung der Getreidepollen im Sediment deuten darauf hin, dass dieses Gewässer zwischen 400 und 900 n.Chr. entstanden sein könnte.

2.3 Das Naturschutzgebiet

Nicht nur wegen des größten natürlichen Sees in Westfalen und der angrenzenden Moor-, Heide- und Waldflächen, auch durch den Erdfall vom 14.4.1913 fand das Gebiet des Heiligen Meeres großes wissenschaftliches Interesse. Im Zuge der Naturschutzbemühungen des damaligen Direktors des Naturkundemuseums in Münster, Hermann Reichling, kaufte der Westfälische Provinzialverband (heute Landschaftsverband Westfalen-Lippe) 1927 das Große Heilige Meer, den Erdfallsee und den Heideweiher mit umliegenden Flächen von insgesamt 47 ha Größe. Durch Ankauf weiterer Flächen waren 1930 etwa 55 ha im Eigentum des Provinzialverbandes. Am 22.3.1930 trat die Naturschutzverordnung für das Naturschutzgebiet „Heiliges Meer" in Kraft. Heute hat die „Verordnung zur Ausweisung des Gebietes Heiliges Meer-Heupen als Naturschutzgebiet" durch den Regierungspräsidenten Münster vom 28.11.2008 Gültigkeit.

In den folgenden Jahren waren der Westfälische Provinzialverband bzw. später der Landschaftsverband Westfalen-Lippe bemüht, weitere Flächen zur Vergrößerung des Naturschutzgebietes zu kaufen. Hierbei handelt es sich z.T. um schutzwürdige Flächen, z.T. sind die Flächen zur Arrondierung und zum Schutz der zentralen Schutzgebietsteile von großer Bedeutung. Bis heute (1994) befinden sich ca. 90 ha im Eigentum des Landschaftsverbandes Westfalen-Lippe.

Eine wichtige Funktion für die Abschirmung des Naturschutzgebietes Heiliges Meer vor Einflüssen angrenzender intensiver landwirtschaftlicher Flächennutzung hat auch die Ausweisung der Naturschutzgebiete „Erweiterung Heiliges Meer" und „Heiliges Feld" (Verordnung vom 20.8.1988) im Rahmen des Feuchtwiesenschutzprogrammes des Landes Nordrhein-Westfalen (MURL 1989). Diese Gebiete, die zum Teil aus feuchten Weiden, Erlenbruchwald, Röhrichten, aber auch aus Acker bestehen, haben eine Größe von ca. 66 ha. Die Flächen grenzen teilweise direkt an das Naturschutzgebiet Heiliges Meer und bilden somit einen Puffer gegenüber nachteiligen Einflüssen von Außen. Die unmittelbar aneinander grenzenden Gebiete Naturschutzgebiet „Heiliges Meer", Naturschutzgebiet „Erweiterung Heiliges Meer", Naturschutzgebiet „Heiliges Feld" und Naturschutzgebiet „Heupen" bilden zusammen nach der europäischen Naturschutzrichtlinie „Fauna, Flora, Habitat" das 260 ha große FFH-Gebiet „Heiliges Meer – Heupen".

Abb. 6: Gagelgebüsch am Großen Heiligen Meer.

GESCHICHTE

Abb. 7:
Blühende Heide am
Großen Heiligen Meer.

Eine Abpufferung des Gebietes gegen Nährstoffeinträge aus landwirtschaftlich genutzten Flächen fehlt aber besonders an der Südseite. Direkt angrenzend an das Große Heilige Meer, den Erdfallsee und den Heideweiher wird intensiver Akkerbau (Mais und Getreideanbau) betrieben, und ein Nährstoffeintrag von diesen Flächen konnte durch Analysen des Grundwassers nachgewiesen werden. Daher ist der Landschaftsverband Westfalen-Lippe weiterhin bemüht, durch Kauf von Flächen die negativen Einflüsse auf das Naturschutzgebiet zu verringern.

2.4 Die Außenstelle „Heiliges Meer"

Um 1900 wurde auf dem Gelände der heutigen Außenstelle von der Familie Nagel ein Landhaus errichtet. Dieses sogenannte Forsthaus „Heiliges Meer" kaufte 1905 die Familie Coppenrath aus Münster zusammen mit dem Großen Heiligen Meer und einigen angrenzenden Flächen. Durch Coppenrath wurde das Haus umgebaut und erweitert, seit 1913 wurde dort eine Schankwirtschaft betrieben. Der Westfälische Provinzialverband erwarb dieses Gebäude zusammen mit den Flächen des Naturschutzgebietes 1927. In dem Wohnhaus ist „der die Aufsicht über das Gelände führende Wärter untergebracht. Wegen des außerordentlichen großen naturwissenschaftlichen Wertes dieses Naturschutzgebietes ist in neuerer Zeit in diesem Hause die Errichtung einer kleinen biologischen Versuchs- und Arbeitsstation durchgeführt worden. Die vorhandenen Räumlichkeiten gestatten es, 2 bis 3 Arbeitsplätze zu errichten, so dass ständig 2 bis 3 Personen dort für wissenschaftliche Untersuchungen arbeiten und gleichzeitig auch übernachten und verpflegt werden können. Für Lehrzwecke kann auch eine etwas größere Personenzahl untergebracht werden" (Führer durch das Naturschutzgebiet Heiliges Meer 1934).

Die Arbeits- und Unterbringungsmöglichkeiten wurden besonders vom Naturkundemuseum und von der Universität Münster, aber auch von anderen Universitäten und von naturwissenschaftlichen Vereinen genutzt. Es wurden Studentenexkursionen und Freilandseminare durchgeführt, mehrere wissenschaftliche Arbeiten entstanden in der Biologischen Station. Jedoch waren die Arbeitsbedingungen nicht besonders günstig. KRIEGSMANN (1938) schreibt in seiner Doktorarbeit: „Mit den Vorarbeiten dieser Untersuchungen wurde im Herbst 1934 begonnen. Aber erst von September 1935 ab waren an der neu eingerichteten biologischen Station ... die Apparate vorhanden, die ich für die quantitative Erfassung der Plankter benö-

Abb. 8:
Das Forsthaus "Heiliges Meer", das 1959 abgerissen wurde.

GESCHICHTE

tigte.... Die Verhältnisse an der Station waren während meiner Anwesenheit noch recht primitiv. Bis auf den letzten Monat meiner Arbeit besaß ich z.B. als einzige stärkere Lichtquelle nur eine Petroleum-Drucklampe".

Auf Dauer genügte die Ausstattung der Biologischen Station nicht mehr den steigenden Anforderungen an wissenschaftliche Arbeitsmöglichkeiten und dem Standard der Unterbringung und Verpflegung. 1958 wurde die Station aus baulichen und hygienischen Gründen geschlossen und 1959 erfolgte der Abriss. Bereits im selben Jahr wurde mit dem Neubau begonnen. Die am 14.3.1961 offiziell eröffnete neue Biologische Station bot Übernachtungsmöglichkeiten für 40 Personen, einen Unterrichtsraum, eine Bibliothek und ein hydrobiologisches Labor. Zur Verpflegung der Kursteilnehmer wurde 1963 die Gaststätte „Forsthaus Heiliges Meer" in unmittelbarer Nähe zur Station fertiggestellt.

Der erste Leiter der Biologischen Station wurde 1961 Dr. Helmut Beyer. Unter seiner Führung wurde die Station zu einer weit über die Grenzen Westfalens bekannten Einrichtung. Von 1973 bis 1999 wurde die Biologische Station von Heinz-Otto Rehage geleitet, dessen Nachfolger Dr. Heinrich Terlutter ist.

Mit Erweiterungs- und Umbaumaßnahmen zur Modernisierung der Biologischen Station wurde im August 1989 begonnen. Diese Arbeiten wurden im April 1990 abgeschlossen. Statt bisher 8-Bett-Zimmer sind jetzt zumeist 2-Bett-Zimmer vorhanden, wodurch die Bettenzahl von 40 auf 32 reduziert wurde. Im Zuge des Umbaus wurde auch der Kursraum modernisiert. Eine neue Heizungsanlage erlaubt einen ganzjährigen Kursbetrieb. Die sanitären Einrichtungen wurden verbessert und das Abwasser wird in den öffentlichen Hauptsammler eingeleitet. Mit dem Anbau eines zusätzlichen Raumes, in dem auch Seminare durchgeführt werden können, wurde im Herbst 1994 begonnen.

Abb. 9:
Seit 1961 finden Kurse und Seminare in der neu errichteten Biologischen Station statt.

Abb. 10:
Dr. Helmut Beyer, der erste Leiter der Biologischen Station Heiliges Meer von 1961 bis 1973.

3. Geologie

3.1 Übersicht

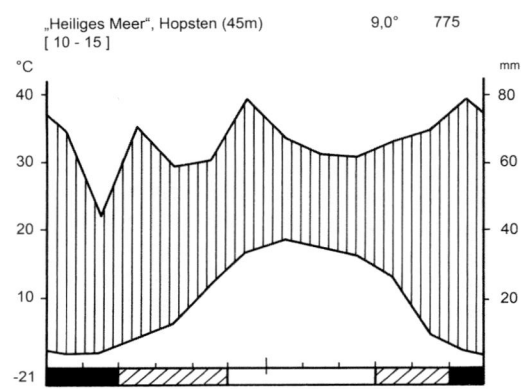

Das Naturschutzgebiet Heiliges Meer ist den Ausläufern des Teutoburger Waldes nordwestlich vorgelagert und gehört bereits zur norddeutschen Tiefebene, dicht an der Grenze zur münsterländischen Bucht. Das NSG liegt etwa auf einer Höhe von 45 m NN, in wenigen km Entfernung erhebt sich der Teutoburger Wald und der Dickenberg mit 124 m NN. Durch die vorherrschend westlichen Winde werden hier im Luv- und Staugebiet des Teutoburger Waldes und des Dickenberges trotz der geringen Höhe über dem Meeresspiegel Niederschlagsmengen von 750-800 mm (MÜLLER-TEMME 1986) bzw. 775 mm (Messstation in der Außenstelle Heiliges Meer, HALLEKAMP 1992) pro Jahr gemessen (vgl. Abb. 11), in einzelnen Jahren bis um die 1000 mm.

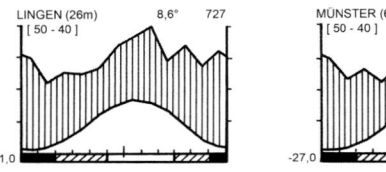

Abb. 11: Klimadiagramm: Erste Zeile: Name der Klimastation, Höhe über NN, mittlere Jahrestemperatur, mittlere jährliche Niederschlagsmenge. Zweite Zeile: Zahl der Beobachtungsjahre, links für die Temperatur, rechts für die Niederschläge. Die Kurven geben die mittleren Monatstemperaturen (unten) und die mittleren monatlichen Niederschläge (oben) wieder. Links unten ist die tiefste gemessene Temperatur angegeben. Der schwarze Balken gibt die Monate mit mittlerem Tagesminimum unter 0°C an, der schraffierte Balken die Monate mit absolutem Minimum unter 0°C.

Die Geologie des Gebietes ist besonders seit der Entstehung des Erdfallsees am 14.4.1913 mehrfach untersucht worden (POELMANN 1934, LOTZE 1956). Für die Geologische Karte 1 : 25.000, Blatt 3611 Hopsten von 1975 haben THIERMANN und Mitarbeiter umfangreiche Untersuchungen durchgeführt (THIERMANN et. al. 1975, THIERMANN 1975). Ab 1996 sind weitere geologische Untersuchungen erfolgt, zunächst eine umfangreiche Dissertation zur Hydrogeologie des Gebietes (WEINERT 1999). Von Studenten des Geologisch-paläontologischen Instituts der Universität Münster sind in der Folge mehrere weitere Arbeiten zur Hydrogeologie und Geophysik angefertigt worden (ALI 2002, TSEGAYE 2002). In den Jahren 2005 bis 2007 hat der Geologische Dienst NRW mehrere Bohrungen, darunter auch einige Rammkernbohrungen zur detaillierten Darstellung der pleistozänen Ablagerungen und ihrer Mächtigkeiten vorgenommen (DÖLLING & STRITZKE 2009).

LOTZE (1956) konnte aufgrund der großen Zahl von Senkungsformen, zu denen als tiefste Senken die Gewässer des NSG Heiliges Meer gehören, im Gelände eine Senkungszone abgrenzen, die in Karten mit dem Flurnamen „Heiliges Feld" gekennzeichnet ist. Sie ist etwa 4,5 km lang und 1,5 km breit und erstreckt sich in südwest-nordöstliche Richtung.

Die ältesten im Bereich der Senkungszone und seiner Umgebung bekannten Schichten gehören zum Oberkarbon. Das Gestein besteht aus kaum gefalteten Sand- und Tonsteinen mit Konglomeraten und Kohleflözen. Über den Schichten des

GEOLOGIE

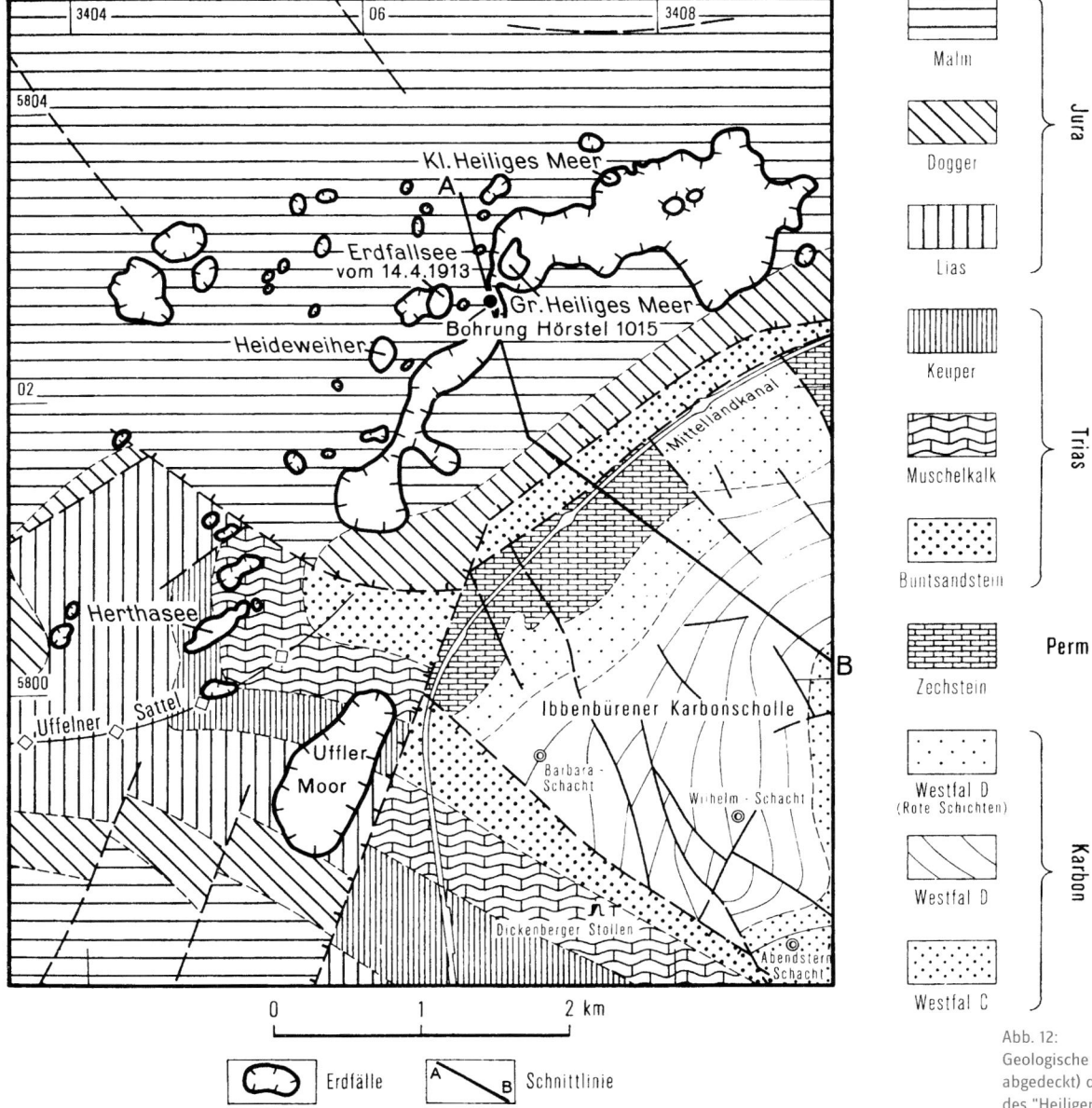

Abb. 12:
Geologische Karte (Quartär abgedeckt) des Erdfallbereiches des "Heiligen Feldes" und seiner Umgebung (aus Thiermann 1975).

GEOLOGIE

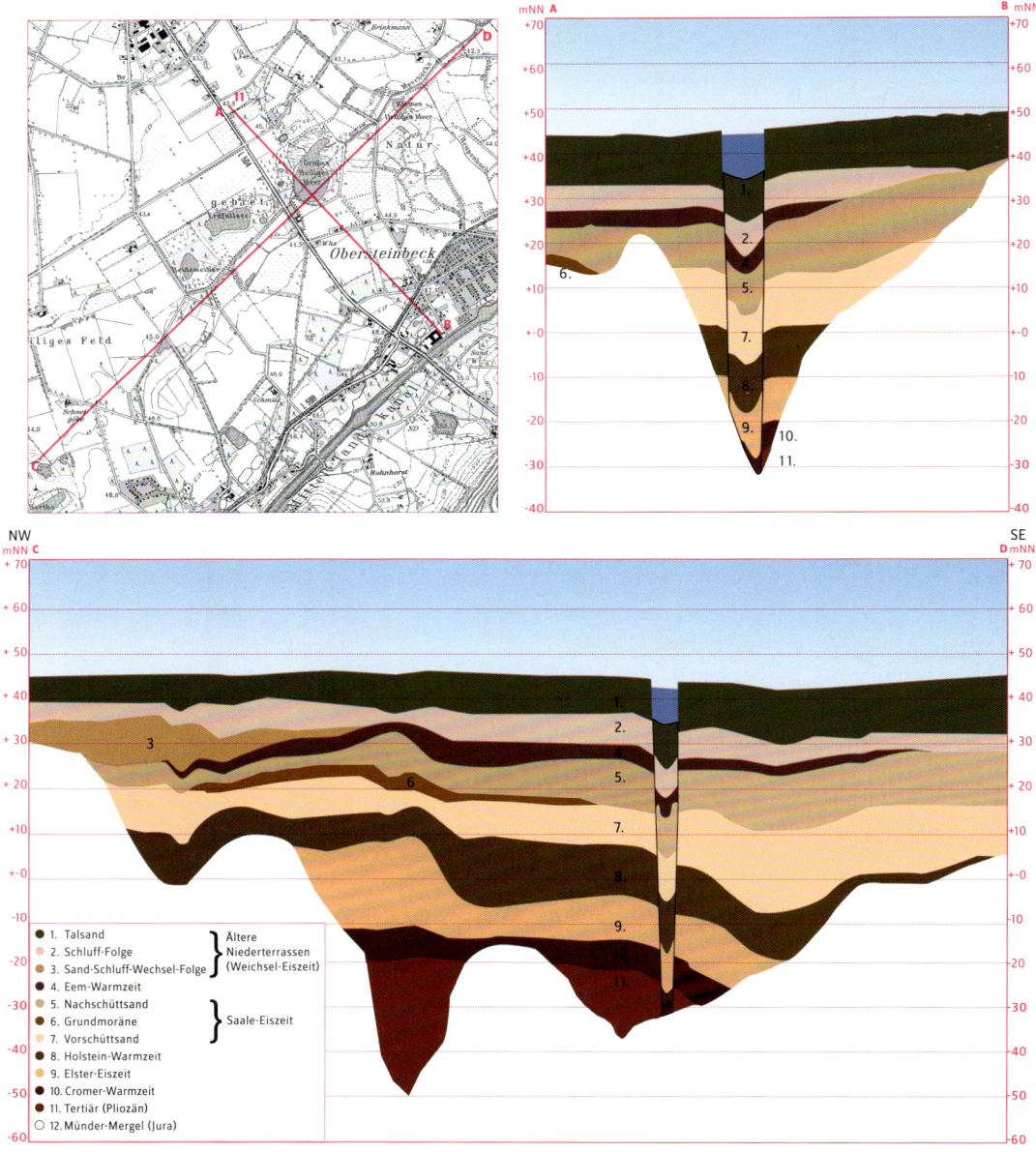

Abb. 13:
Geologische Profile
in zwei Schnitten nach
Dölling & Stritzke (2009).

Oberkarbon lagern Kalke, Mergel und Dolomite des Zechsteins. Ablagerungen der Trias finden sich im Gebiet des Uffelner Sattels und östlich davon. Die hier aufgetretenen Erdfälle im Bereich des Herthasees und des Uffelner Moores haben ihre Ursache in Auswaschungen von Steinsalzeinschaltungen im Mittleren Muschelkalk. Nach Westen und Nordwesten tauchen diese Schichten unter die Schichten des Jura ab und haben für die Entstehung der dort aufgetretenen Erdfälle keine Bedeutung. Hier liegen unter den Quartärschichten die Ablagerungen des Jura. Die unteren Schichten des Jura (Lias, Dogger, tiefere Schichten Malm) bestehen aus Ton- und Tonmergelsteinen. Hierauf lagern am Übergang zur Kreide die Schichten des Münder-Mergel (Malm), in dem salzhaltige Bereiche zu finden sind. Die Münder-Mergel-Schichten besitzen eine Mächtigkeit von 200 bis 500 m, sie bestehen hauptsächlich aus grauen und grünlichen Ton- und Mergelsteinen mit fingerdicken Bänken von Anhydrit und Gips. Ursache für die Entstehung der Erdfälle sind die im unteren Teil des Münder-Mergel auftretenden, mehrere Meter mächtigen Anhydrite und Steinsalzlager mit Mächtigkeiten bis zu 130 m. Die Schichten des Quartärs (30 - 90 m) bestehen hauptsächlich aus Sanden. Die Erdoberfläche im Erdfallgebiet wird bestimmt von der älteren Niederterrasse mit Dünen, Flugsanddecken und vermoorten Senken. Darunter lagern Schichten aus den verschiedenen Kalt- und Warmzeiten des Pleistozäns (siehe Abb. 13). In den tiefsten Bereichen der Senkungen finden sich Ablagerungen des Tertiärs (DÖLLING & STRITZKE 2009).

3.2 Münder-Mergel und die Entstehung der Erdfälle

Die Entstehung der Erdfälle hat seine wesentliche Ursache im Vorliegen wasserlöslicher Gesteine in den Schichten des Münder-Mergel. Im Bereich der Senkungszone sind dies Sulfate in Form von Anhydrit ($CaSO_4$) und in hydratisierter Form als Gips ($CaSO_4 \cdot 2\ H_2O$) sowie Steinsalz (NaCl). Kalkgesteine und Dolomit spielen hier keine Rolle. Durch das Grundwasser werden diese Salze gelöst und ausgewaschen. In die entstehenden Hohlräume werden die lockeren Sedimente der Umgebung eingeschwemmt, dadurch entstehen an der Oberfläche zunächst flache, abflusslose Senken. Das darin gesammelte Niederschlagswasser verstärkt die Korrosion. Wenn die unterirdischen Hohlräume sich weiter ausdehen, hält die Decke dem Druck des überlagernden Gesteins nicht mehr stand und stürzt ein (THIERMANN 1975). Auf diese Weise ist vermutlich die Vielfalt der Senkungsformen in der Heilig-Meer-Zone, die LOTZE (1956) beschrieben hat, entstanden.

Jüngste Bohrungen haben ergeben, dass die ältesten Senkungen als Folge der Auslaugungsprozesse bereits aus dem Tertiär stammen (DÖLLING & STRITZKE 2009). Als solche alte Senken, die sich mit Torf gefüllt haben, können auch die Niedermoore und (ehemaligen) Hochmoore aufgefasst werden. Die heute noch im Gelände erkennbaren Senken dürften alle im Quartär entstanden sein. Die geologische Analyse der abgelagerten Schichten zeigt, dass die Auslaugungen besonders während der wärmeren Klimaabschnitte stattgefunden haben. Dass dieser Auslaugungsprozess noch heute anhält, zeigen die jüngsten Erdfälle, z.B. der Erdfall-

GEOLOGIE

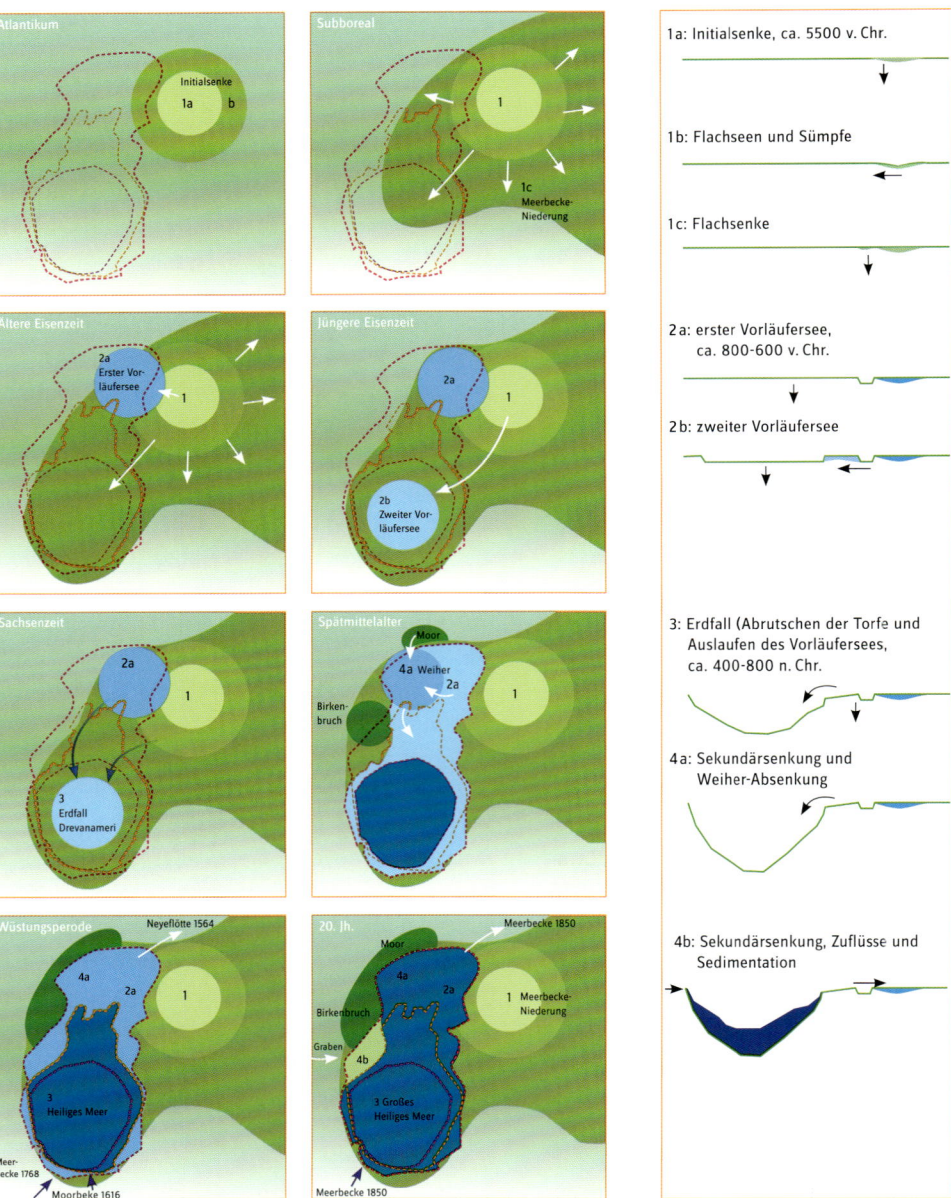

Abb. 14:
Modell der Entwicklung des
Großen Heiligen Meeres
nach Barth (2002).

GEOLOGIE

Abb. 15:
Ein neuer Erdfall in der Nähe
von Hörstel im November 1980
(Lindenschmidt & Rehage 1982).

see vom 14.4.1913, ein Erdfall in der Nähe der Straße von Steinbeck nach Ibbenbüren im Januar 1934 (POELMANN 1934), ein Erdfall an der Straße von Hopsten nach Recke im April 1958 (RUNGE 1959) sowie ein Erdfall in der Nähe von Hörstel im November 1980 (Abb. 15, LINDENSCHMIDT & REHAGE 1982).

Die größte noch vorhandene Senkung ist das Große Heilige Meer. Zur Entstehungsgeschichte dieses Gewässers wurden umfangreiche paläoökologische Untersuchungen durchgeführt. In mehreren Sedimentprofilen des Großen Heiligen Meeres, des Niedermoorgebietes „Meerbecke-Niederung" und des NSG Grundlose Kuhle erfolgten qualitative und quantitative Erfassungen der Pollen- und Diatomeenablagerungen, chemische Analysen und Altersdatierungen (BARTH 2002, SCHLÜTER 1997). Hieraus wurde ein Modell zur sukzessiven Entstehung des Großen Heiligen Meeres entwickelt, in dem am Rande der Niedermoorsenke mehrere Vorläufergewässer, ein großer Erdfall und anschließende weitere kleinere Senkungen sowie Zuflüsse postuliert werden (BARTH 2002, Abb. 14).

GEOLOGIE

3.3 Quartäre Ablagerungen und Bodenbildung

Auf die Landschafts- und Vegetationsentwicklung haben die obersten geologischen Schichten wesentlichen Einfluss. Aus den grobporigen quartären Sanden werden durch Niederschläge Mineralien und Nährsalze ausgewaschen und in tiefere Schichten verlagert. Die von den Pflanzen durchwurzelten obersten Bodenschichten sind daher nährstoffarm. Diese Nährstoffarmut bestimmt sowohl die aktuelle Vegetation im Naturschutzgebiet als auch die potentielle natürliche Vegetation. Auch die Lebensgemeinschaften der Gewässer sind hierdurch geprägt, da in neu entstehende Gewässer kaum Nährstoffe durch das umgebende Gestein gelangen und diese daher oligotroph sind.

Im Naturschutzgebiet Heiliges Meer hat der Sanduntergrund ebenfalls die Bodenbildung geprägt. Diese Auflagerung von Quarzsanden gewährleistet eine gute Wasseraufnahmefähigkeit, wasserstauende Schichten wie Tone und Mergel dagegen verhindern ein Absickern und begünstigen eine hohen Grundwasserstand. Ausgangsmaterial und Grundwasserstand sind wichtige Faktoren in der Bodenbildung. Im Schutzgebiet treten die Bodentypen Podsol (Abb. 16), Gley-Podsol und Podsol-Gley auf. Während die trockeneren Sande ein Podsol-Profil aufweisen, entwickeln sich unter Grundwassereinfluss Gley-Podsole und Podsol-Gleye. Podsol-Böden finden sich im Schutzgebiet unter den Heideflächen. Nach THIERMANN (1975) sind es überwiegend ausgesprochen starke Eisen-Humus-Podsole mit sehr verfestigten Ortsteinbänken. Gley-Podsole finden sich in einigen kleineren Bereichen der Heide. Unter den Wälder hat sich Podsol-Gley entwickelt. Niedermoorbildungen treten östlich vom Großen Heiligen Meer mit einer Torfmächtigkeit von z.T. über 2 m auf. Im Übergangsbereich zu den mineralischen Böden haben sich Moorgleye gebildet. Durch pflanzensoziologische und bodentypologische Analysen lassen sich enge Beziehungen zwischen den Vegetationseinheiten und ihren Böden aufzeigen (RUNGE 1991, HALLEKAMP 1992).

Abb. 16: Heidepodsol-Böden fallen durch ihre lebhafte Färbung und die scharfe Trennung der Horizonte auf. Auf eine dünne Auflage aus braunschwarzem Rohhumus folgt stark humoser, an gebleichten Quarzkörnern reicher Humusbleichsand, dann viel humusärmerer aschgrauer Bleichsand. Der folgende kaffeebraune Einschwemmhorizont ist durch die Ansammlung von Humusstoffen und Mineralien entstanden, die durch versicherndes Regenwasser aus den darüber liegenden Schichten ausgewaschen wurden. Der darunter befindliche Sandboden ist hell ockergelb und kann als Folge von Humuseinwaschungen schmale schwarze Bänder aufweisen.

4. Hydrologie

Die charakteristischen Gewässer des Naturschutzgebietes sind die oligotrophen Gewässer, Heideweiher und Kolke. Ihr Kennzeichen ist ihre besondere Nährstoffarmut, speziell von Stickstoff- und Phosphorverbindungen. Detaillierte Kenntnisse des Nährstoffhaushaltes dieser Gewässer und der Nährstofftransporte im Naturschutzgebiet sind notwendige Voraussetzungen zum Verständnis der ökologischen Zusammenhänge, besonders in ihrer Abhängigkeit von äußeren Einflüssen und der historischen und zukünftigen Entwicklung des Gebietes.

Zur Zeit der Entstehung der Gewässer waren der Boden, der geologische Untergrund, das Grundwasser und die Umgebung nährstoffarm, auch das Regenwasser enthielt nur wenige Nährstoffe (speziell wenige Stickstoffverbindungen). Dies hat sich in den letzten Jahrzehnten drastisch geändert. Durch die Freisetzung von Stickstoffoxiden und anderen Verbindungen bei der Energieerzeugung, im Verkehr, in der Landwirtschaft etc. kommt es in allen Ökosystemen zu einem z.T. hohen zusätzlichen Stoffeintrag. Der hohe Eintrag von Nährstoffen (Eutrophierung) wird als eines der gravierendsten Probleme im Naturschutz angesehen (Ellenberg 1989). Über den Nährstoffhaushalt liegen bereits eine Anzahl von Untersuchungen vor, der Analyse der Stofftransporte war Ende der 90er Jahre ein umfangreiches Forschungsprojekt gewidmet (POTT 2000).

4.1 Regenwasser

Einen erheblich Einfluß haben atmosphärische Einträge, die als Stäube oder als feuchte Depositionen über den Niederschlag in das NSG gelangen. Zwar ist das häufigste chemische Element in der Atmosphäre der Stickstoff, aber in der Molekülform als N_2 ist er nur von wenigen Spezialisten unter den Mikroorganismen nutzbar, alle anderen Organismen sind auf Ammonium-Stickstoff oder Nitrat-Stickstoff angewiesen. Unter natürlichen Bedingungen sind diese Verbindungen aber in geringer Konzentration vorhanden und daher Minimum-Faktoren in vielen natürlichen Lebensräumen. Diese Situation hat sich durch menschliche Aktivitäten, vor allem durch Landwirtschaft und Verkehr, so gravierend geändert, dass der ehemalige Mangelnährstoff heute im Überfluss

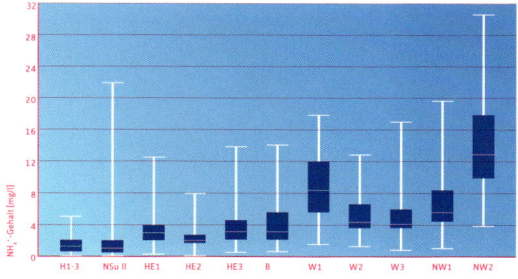

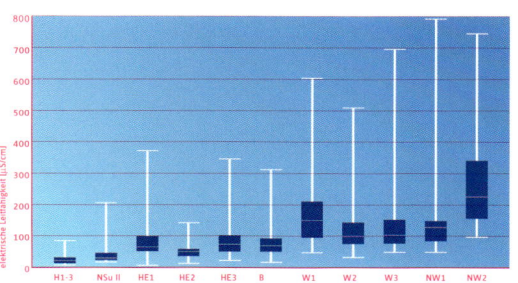

Abb. 17: Ammoniumgehalt und elektrische Leitfähigkeit des Niederschlagswassers auf der Freifläche und in verschiedenen Beständen des NSG "Heiliges Meer". Die Darstellung erfolgt in Box-and Whisker-Diagrammen: Maximum und Minimum der Messwerte, die Box umfasst den Bereich, in dem 50 % der Messwerte liegen, eingezeichnet ist zudem der Median. H1-3: Heide; NSU II: 10 Jahre alter Birken-Kiefern-Aufwuchs; HE1-HE3: Waldrand eines Birken-Eichen-Waldes; B: Birkenbruchwald; W1-W3: Birken-Eichen-Wald; NW1 u. NW2: Kiefern-Bestände. Untersuchungszeitraum: März 2001 bis Februar 2002 (nach Herrmann 2004).

HYDROLOGIE

- Spießtorfmoos-Wollgras-Rasen
- Spießtorfmoos-Gesellschaft: Abbaustadium mit Gewöhnlicher Sumpfsimse
- Spießtorfmoos-Gesellschaft: Abbaustadium ohne Gefäßpflanzen
- Pfeifengras-Dominanzbestand
- Gesellschaft der Kleinen Seerose
- Gesellschaft der Vielstengeligen Simse
- Bestand der Gewöhnlichen Simse
- Flatterbinsen-Dominanzbestand
- Dominanzbestand des Bittersüßen Nachtschatten
- Typische Ginster-Besenheide
- Pfeifengrasreiche Ginster-Besenheide
- Feuchte Heide (Glockenheide)
- Kiefern-Bestand

Abb. 18:
Vergleich der Vegetation eines Heideweihers in der Nähe des Erdfallsees in den Jahren 1994 (links) und 2002 (rechts) (nach Herrmann & Pust 2003).

vorhanden ist. Besonders die nordwestlichen Verwaltungsbezirke Nordrhein-Westfalens und das angrenzende westliche Niedersachsen erhalten als Folge der Massentierhaltung (Emissionen aus Ställen, Ausbringung von Gülle) so große Mengen Ammonium und Nitrat im Niederschlagswasser, dass LETHMATE (2005) von einem Gülle-Belt spricht. Innerhalb dieser Zone liegt das NSG Heiliges Meer.

Über die hydrochemische Beschaffenheit des Niederschlags im NSG und die Beziehungen zu Vegetation, Sickerwasser und oberflächennahem Grundwasser hat HERRMANN (2004) umfangreiche Daten vorgelegt. Beispielhaft sind in Abb. 17 Messergebnisse für die elektrische Leitfähigkeit und den Ammoniumgehalt im Niederschlagswasser dargestellt. Deutlich sind die niedrigen Werte auf den Freiflächen gegenüber den viel höheren Werten in den von Gebüsch und Bäumen geprägten Beständen. In ihrer Untersuchung hat sie Depositionen von anorganisch gebundenem Stickstoff von 15,9 kg/ha*a auf den Freiflächen und bis zu 65 kg/ha*a in den Waldbeständen ermittelt. Hierdurch wird die ökologisch unbedenkliche Belastungsschwelle für nährstoffarme Lebensräume um ein vielfaches überschritten (LETHMATE 2005).

Diese von der Vegetation abhängigen Unterschiede haben selbst wieder großen Einfluss auf die Vegetation. Ein gut dokumentiertes Beispiel ist die Vegetation eines Heideweihers, der sich in unmittelbarer Nähe des Erdfallsees befindet (Abb. 18, HERRMANN & PUST 2003). Die Heideweiher im NSG sind teils grundwasser- teils regenwassergespeist. Kennzeichnend für diese Gewässer ist die Pflanzengesellschaft aus Spießtorfmoos (*Sphagnum cuspidatum*) und Schmalblättrigem Wollgras (*Eriophorum angustifolium*) und die Glockenheide-Gesellschaft (Ericetum tetralicis) im Litoralbereich. In typischer Ausprägung findet sich diese Vegetation an den Gewässern auf der offenen Heidefläche, während an Waldrändern eine Beeinflussung durch nährstoffreiches Waldgrundwasser und durch traufenbeeinflusstes Regenwasser zu auffälligen Veränderungen in der Vegetation geführt hat. Bereits 1994 wurden für drei am Waldrand gelegene Heideweiher Abbaustadien der Spießtorfmoos-Gesellschaft dokumentiert (HOFMANN 1995), heute wachsen Torfmoose nur noch kleinflächig im Litoral dieser Gewässer. In einem Gewässer (siehe Abb. 18) hat sich innerhalb weniger Jahre unter Verdrängung der typischen Weihervegetation ein geschlossener Gürtel der Flatterbinse herausgebildet, der z.T. mehrere Meter Ausdehnung erreicht. Begleitend tritt in diesen Beständen der Bittersüße Nachtschatten auf, wobei diese Art, die erhöhte Nährstoffverfügbarkeit anzeigt, besonders stark im Traufenbereich des Kiefernsaumes vertreten ist.

4.2 Grundwasser und Grundwasserströme

Neben dem atmosphärischen Austausch zwischen dem Naturschutzgebiet und seiner näheren und weiteren Umgebung bestehen über das Grundwasser die engsten Verbindungen, die sowohl den Wasserhaushalt (Wasserstand) als auch die Nährstoffeinträge betreffen. Umfangreiche Untersuchungen zu den Grundwasserverhältnissen wurden von PUST (1993) und WEINERT (1999, siehe auch WEINERT et al. 2000) durchgeführt, deren Arbeiten die folgenden Angaben entnommen sind.

Grundwasseruntersuchungen aus Hausbrunnen, Quellen und Messbrunnen im Naturschutzgebiet und der näheren Umgebung ergaben, dass erhöhte Nitratkonzentrationen der bedeutsamste grundwasserbelastende Faktor sind. Es wurden über 100 mg/l Nitrat gefunden, entsprechend der EU-Richtlinie beträgt die zulässige Höchstkonzentration in Trinkwasser 50 mg/l Nitrat, als anzustrebende Richtzahl wird 25 mg/l Nitrat angegeben.

Tab. 1
Physiko-chemische Analysedaten ausgewählter Meßstellen des Grundwassers im Naturschutzgebiet Heiliges Meer
(Mittelwert aus 2,5 m Tiefe) und seiner näheren Umgebung (aus PUST 1993)

HM4: NSG Heiliges Meer nähe Ackerfläche; HM6: NSG Heiliges Meer nähe Meerbecke; HM13: NSG Heiliges Meer nähe Erdfallsee; HM 16: NSG Heiliges Meer zwischen Erdfallsee und Heideweiher; HO1: Hausbrunnen in Hopsten; RE1 und RE4: Hausbrunnen in Recke; HH: Quelle in Hollbergs Hügel.

mg/l	HM4	HM6	HM13	HM16	HO1	RE1	RE4	HH
Nitrat (mg/l)	146,0	0,4	0,5	0,3	68,4	131,6	109,9	82,7
Ammonium (mg/l)	0,03	0,32	0,41	0,79	0,08	0,12	0,02	<0,005
Phosphat (mg/l)	0,05	0,61	0,05	1,17	0,18	0,43	0,10	0,03
Eisen (mg/l)	0,08	13,4	14,9	11,4	0,20	0,51	0,13	0,03
Chlorid (mg/l)	59,0	62,2	40,0	14,9	21,3	82,3	56,0	56,7
Leitwert (µS/cm)	561	667	329	331	335	742	568	412
pH	4,5	7,0	5,6	6,7	4,7	5,1	4,3	5,5

HYDROLOGIE

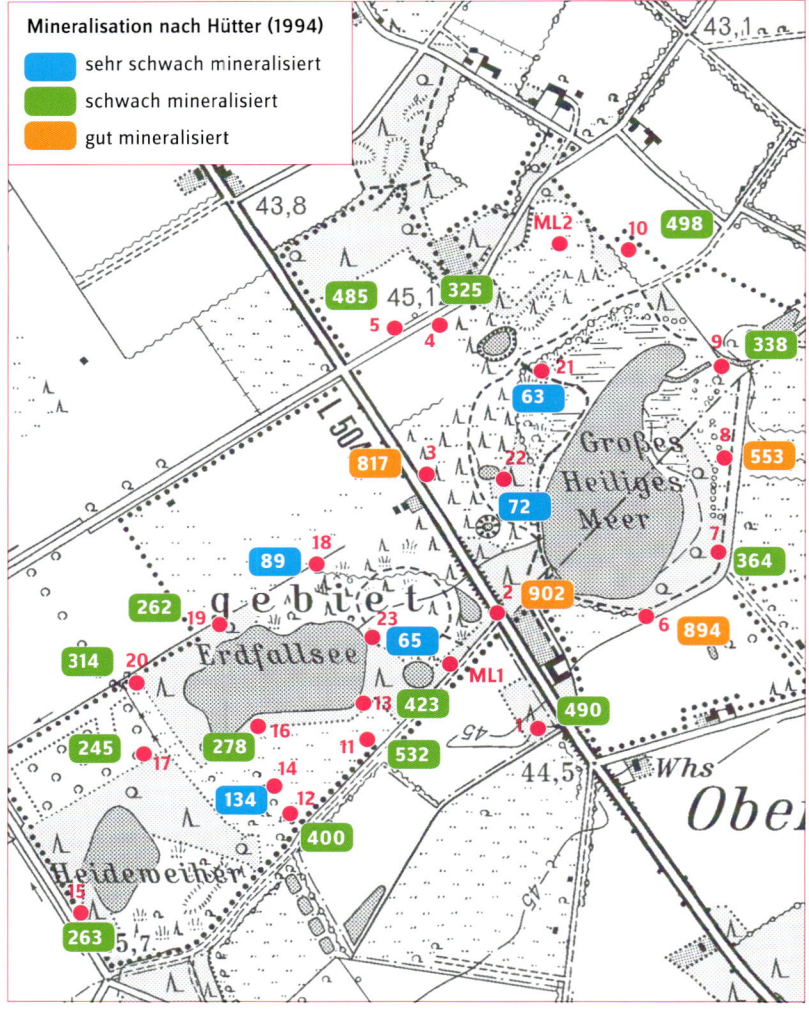

Abb. 19:
Mineralisation des Grundwassers an den Grundwasserbrunnen im NSG "Heiliges Meer". Die roten Zahlen neben den Punkten sind die Nummern der Meßbrunnen. Die Zahlen in den blauen, grünen und orangenen Kästchen geben die mittlere elektrische Leitfähigkeit in den Brunnen in µS/cm an (nach Weinert et al. 2000).

Wichtigste Quelle dieser Grundwasserbelastung ist die landwirtschaftliche Nutzung, die in unmittelbarer Nähe des Naturschutzgebietes zu anthropogen stark veränderten Milieubedingungen geführt hat. Das Naturschutzgebiet stellt gleichsam eine Insel mit heute noch weitgehend gering Nitrat-belastetem Grundwasser dar. Doch erfolgen bereits an mehreren Stellen erhöhte Nitrateinträge über das Grundwasser (Maximalwerte über 200 mg/l Nitrat), so dass ohne geeignete Gegenmaßnahmen mit einer beschleunigten Anreicherung von Stickstoffverbindungen gerechnet werden muss, ebenso von weiteren Stoffen, die in erhöhter Konzentration im Grundwasser gefunden wurden (u.a. Phosphorverbindungen, Eisen, Mangan, Sulfat).

Als Summenmaß für die Menge an gelösten Stoffen im Wasser kann die elektrische Leitfähigkeit verwendet werden. Die Ergebnisse der Messbrunnen im NSG in Abb. 19 verdeutlichen, dass besonders von südöstlich und östlich angrenzenden Flächen ein Eintrag von Stoffen erfolgt, während sich an der Nordwestseite deutlich geringere Stoffmengen finden, die niedrigsten Werte sind auf den Heideflächen bzw. am Rande der Heide.

Als weitere Quellen von Salz- und Schwermetallbelastungen des Grundwassers wurden die Stoffeinträge entlang der Landstraße L 504, die durch das Gebiet führt, und die Stoffeinträge entlang der Meerbecke identifiziert. Im Bereich der Landstraße wurden im Grundwasser deutlich erhöhte Konzentrationen von Zink (Maximalwert 2,31 mg/l), Blei (Maximalwert 0,28 mg/l) und Kadmium (Maximalwert 0,41 mg/l) gemessen.

Die Seen und Kolke des Naturschutzgebietes sind grundwassergespeiste Gewässer. Aufgrund von Messungen von Sauerstoffisotopen im Großen Heiligen Meer und im Erdfallsee, von Grundwasserganglinien, Seewasserständen, Verdunstung und Abflüssen konnten erste Modellrechnungen zur Menge des einströmenden Grundwassers erfolgen (WEINERT et al. 2000). Für den Erdfallsee ergab dies, dass jährlich etwa die Hälfte des Seewassers aus dem Grundwasser neu zuströmt. Die Werte für das Große Heilige Meer deuten auf deutlich geringere Mengen, sind aber noch nicht eindeutig geklärt.

4.3 Stillgewässer

Im Naturschutzgebiet Heiliges Meer liegen eine Anzahl von Stillgewässern, die größten und bekanntesten sind das Große Heilige Meer und der Erdfallsee. Das Große Heilige Meer ist etwa 11 ha groß, seine größte Tiefe liegt im südlichen Seebecken bei ca. 10,5 m. Das ursprüngliche Seebecken hatte eine Tiefe von 16 bis 18 m, es ist aber heute von einer etwa 7 m hohen Schlammschicht (Gyttja) aufgefüllt. Der Nordteil des Gewässers ist nur 0,5 m bis 1,0 m tief und von z.T. dichtem Röhricht bewachsen. Das zweitgrößte Gewässer ist der Erdfallsee mit einer Oberfläche von ca. 7 ha und einer größten Tiefe von fast 12 m. Im Südosten des Naturschutzgebietes liegt der Heideweiher, ein flaches Gewässer von etwa 2 ha Größe, dessen Wasserstand bei Hochwasser 1,2 bis 1,4 m, im Sommer ca. 0,8 bis 1,0 m beträgt. Im gesamten Gebiet verteilt sind mehrere Tümpel und Kolke von unterschiedlicher Größe und Tiefe, die z.T. in niederschlagsarmen Sommern vollständig trocken fallen können.

Die Binnengewässer Nordwestdeutschlands können nach ihren physico-chemischen Parametern, nach ihrer Vegetation und dem Verlandungsgrad in die Haupttypen oligotrophe, dystrophe, mesotrophe, eutrophe und hypertrophe Gewässer eingeteilt werden (POTT 1983). In dieser Reihenfolge nehmen die Nährstoffgehalte des Wassers und die Produktivität der Vegetation zu. Mit Ausnahme des hypertrophen kommen alle Gewässertypen im Naturschutzgebiet Heiliges Meer vor. Zu den oligotrophen Gewässern gehören der Erdfallsee und einige Heidetümpel. Sie sind gekennzeichnet durch einen niedrigen pH-Wert; Chlorid, Stickstoff- und Phosphorverbindungen sind nur in geringer Menge vorhanden. Leitfähigkeitswerte unter 150 µS/cm deuten auf die geringe Menge an gelösten Ionen hin. Der Erdfallsee zeigt jedoch schon Übergänge zum mesotrophen Gewässertyp. Mesotrophe Gewässer gehen mit zunehmender Anreicherung von Nährstoffen (Eutrophierung) aus den ursprünglich oligotrophen Gewässern hervor. Ihr pH-Wert liegt im Bereich des Neutralpunktes, ihre Chlorid-, Stickstoff- und Phosphat-Werte sind leicht erhöht. Zu den dystrophen Gewässern des Naturschutzgebietes zählen der Heideweiher und die Kolke. Nach ihren physico-chemischen Parametern gehören sie ebenfalls zu den nährstoffarmen Gewässern. Wegen des Untergrundes aus Torfschlamm ist ihr Gehalt an Huminsäuren hoch und das Wasser besitzt eine braune Farbe. Das Große Heilige Meer ist ein eutrophes Gewässer und weist von allen Gewässern des Schutzgebietes die höchsten Konzentrationen an Chlorid, Stickstoffverbindungen und Phosphaten auf.

Die Nährstoffgehalte der Gewässer des Naturschutzgebietes sind jedoch verglichen mit Gewäs-

Tab. 2
Physiko-chemische Parameter während einer Frühjahrsvollzirkulation (18.03.1994) im Großen Heiligen Meer (Rehage mdl.). Sichttiefe 1,3 m. Konzentration in mg/l.

Tiefe	°C	O_2	CO_2	$Fe^{2+/3+}$	NH_4^+
0	5,6	11,2	3,3	0,3	0,0
1	5,5	11,4	3,3		0,0
2	5,4	11,3	3,3		0,0
3	5,4	11,2	3,3		
4	5,4	10,9	3,3		
5	5,3	11,2	3,3	0,3	0,2
6	5,3	11,0	3,3		
7	5,3	10,9	3,3		
8	5,3	10,9	3,3	0,2	
9	5,3	10,9	3,3	0,2	0,4
10	5,3	11,1	3,3	0,2	0,4

Tab. 3
Physiko-chemische Parameter während einer Sommerstagnation (27.08.1985) im Großen Heiligen Meer (Rehage mdl.). Sichttiefe 3,0 m. Konzentration in mg/l.

Tiefe	°C	O_2	CO_2	$Fe^{2+/3+}$	NH_4^+
0	17,6	9,4	2,2	0,0	0,5
1	17,6	9,4	2,2	0,0	0,5
2	17,6	10,1	2,2	0,0	0,5
3	17,5	9,2	2,2	0,0	0,5
4	16,7	5,4	7,7	0,0	0,5
5	14,9	1,7	13,2	0,1	0,5
6	12,3	0,1	16,5	1,0	0,5
7	9,1	0,1	29,7	4,0	1,0
8	8,0	0,0	40,7	8,0	2,0
9	7,5	0,0	57,2	10,0	2,0
10	7,4	0,0	59,4	15,0	4,0

Tab. 4
Physiko-chemische Parameter während einer Herbstvollzirkulation (13.11.1991) im Großen Heiligen Meer (Rehage mdl.). Sichttiefe 1,7 m. Konzentration in mg/l.

Tiefe	°C	O_2	CO_2	$Fe^{2+/3+}$	NH_4^+
0	7,5	8,7	4,4	0,1	0,5
1	7,5	8,9	4,4	0,1	0,5
2	7,5	9,0	4,4		0,5
3	7,5	8,8	4,4	0,1	0,5
4	7,5	8,7	4,4		0,5
5	7,5	8,7	4,4		0,5
6	7,5	8,7	4,4		0,5
7	7,5	8,8	4,4	0,1	0,5
8	7,5	8,7	4,4		0,5
9	7,5	8,7	4,4	0,1	0,5
10	7,5	8,3	4,4	0,1	0,5

Tab. 5
Physiko-chemische Parameter während einer Winterstagnation (28.02.1984) im Großen Heiligen Meer (aus MÜGGE 1984). Sichttiefe 2,1 m. Konzentration in mg/l.

Tiefe	°C	O_2	CO_2	$Fe^{2+/3+}$	NH_4^+
0	1,8	13,2	3,5	0,7	1,3
1	2,3	11,1	3,6	0,4	1,4
2	3,1	10,7	3,6	0,3	1,5
3	3,2	10,8	3,6		
4	3,3	10,7	3,6	0,3	1,5
5	3,4	10,8	3,6		
6	3,4	10,9	3,6	0,3	1,5
7	3,6	10,9	4,3		
8	3,6	9,7	5,8		1,5
9	3,7	8,8	7,0		
10	3,8	7,3	8,5	0,3	1,6

HYDROLOGIE

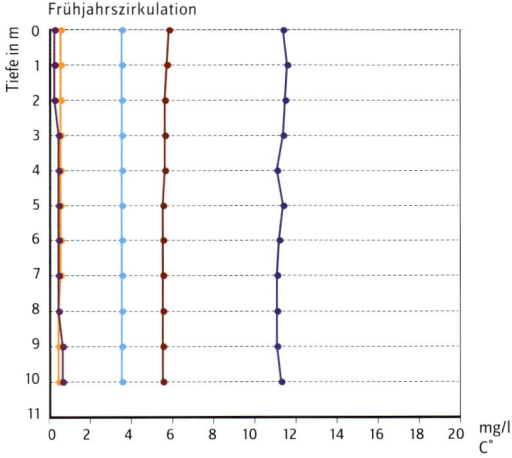
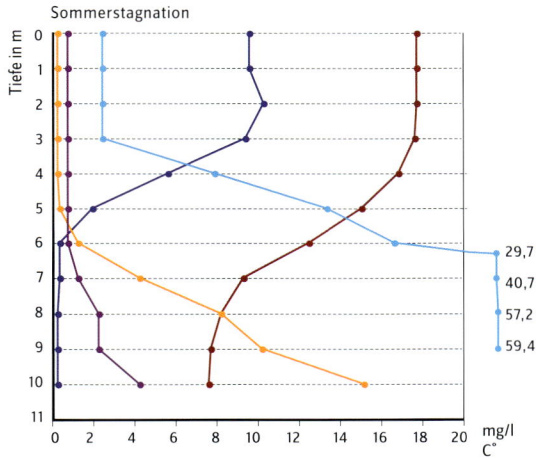
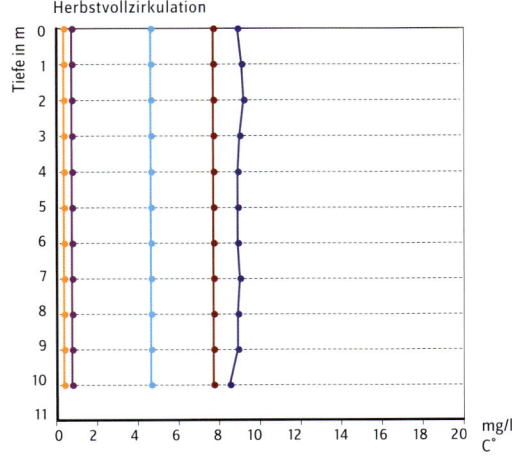
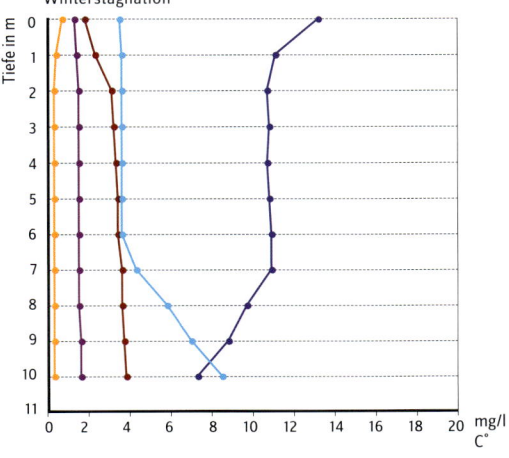

- Temperatur
- Kohlendioxid
- Ammonium
- Sauerstoff
- Eisen

Abb. 20:
Chemische und physikalische Parameter während der Frühjahrsvollzirkulation, der Sommerstagnation, der Herbstvollzirkulation und der Winterstagnation im Großen Heiligen Meer.

sern in der umliegenden Agrarlandschaft noch relativ gering. Dies verdeutlicht ein Vergleich mit dem Kleinen Heiligen Meer (das mittlerweile auch unter Naturschutz gestellt wurde) und den nächst gelegenen Fließgewässern Meerbecke und Hopstener Aa (Abb. 21) Da die Leitfähigkeit ein Maß für die Summe gelöster Ionen im Wasser ist, kann ihr Wert als Ausdruck für das Gesamtnährstoffangebot des Gewässers dienen. Besonders die Stofffracht der an der Gebietsgrenze entlang fließenden Meerbecke, die über das Grundwasser Verbindung mit den Stillgewässern des Naturschutzgebietes hat, macht die Gefährdung der nährstoffarmen Gewässer durch die hohen Nährstoffgehalte in direkter Nachbarschaft deutlich.

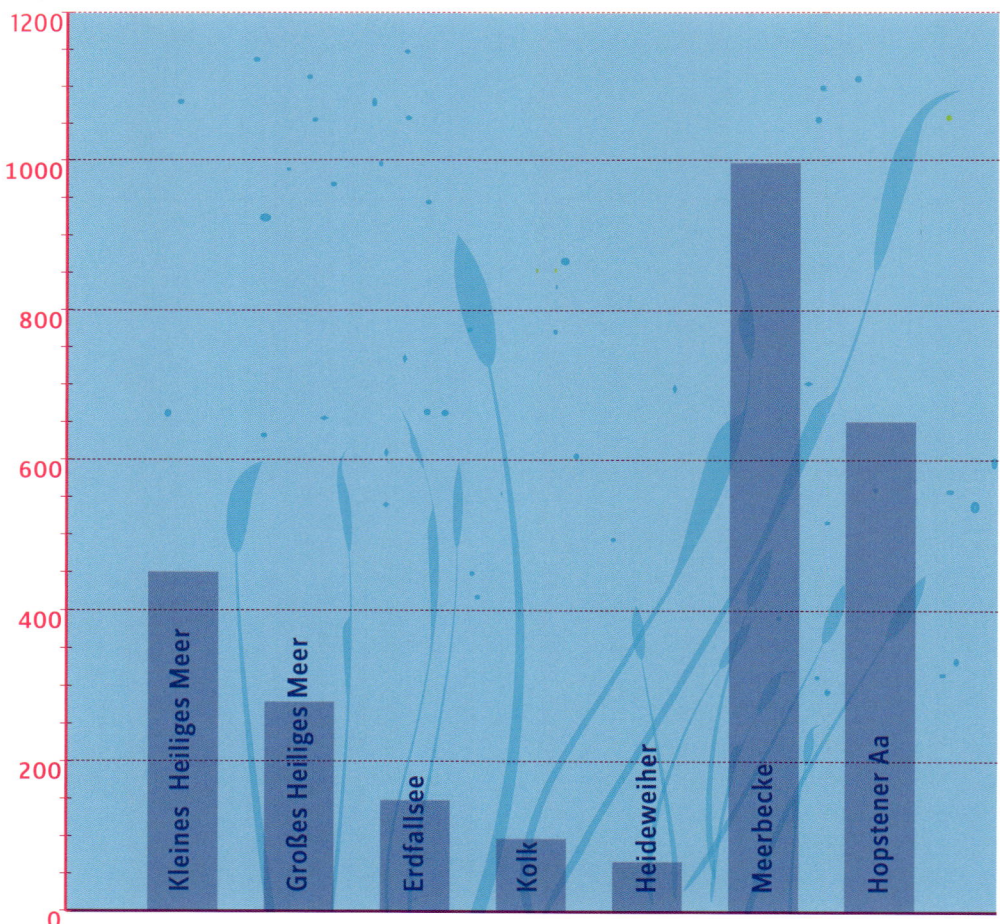

Abb. 21: Elektrische Leitfähigkeit (in µS/cm) als Ausdruck für den Gesamtnährstoffgehalt in Gewässern des Naturschutzgebietes Heiliges Meer sowie in den Fließgewässern Meerbecke und Hopstener Aa (Pust 1993, Rehage mdl.).

Physico-chemische Untersuchungen des Großen Heiligen Meeres und des Erdfallsees zeigen eine charakteristische jahresperiodische Änderung der Temperatur, der Konzentration verschiedener Stoffe und ihrer Verteilung in Abhängigkeit von der Gewässertiefe. Am besten untersucht ist in dieser Hinsicht das Große Heilige Meer (zuerst von KRIEGSMANN 1938, später BUDDE 1942, EHLERS 1965 u. 1966, POTT 1983, PUST 1993 und HAGEMANN et al. 2000, sowie verschiedene Examensarbeiten, insbesondere SCHULLER 1982 und MÜGGE 1984). Die Auswahl der in Tab. 2-5 und Abb. 20 dargestellten Parameter entspricht im wesentlichen denjenigen, die auch während der limnologischen Kurse in der Außenstelle Heiliges Meer gemessen werden, einige der gezeigten Messreihen sind auch das Ergebnis dieser Kurse.

Der Wasserkörper lässt sich in eine trophogene und eine tropholytische Schicht gliedern. In der durchlichteten trophogenen Zone findet die Produktion organischer Substanz durch Photosynthese betreibende Cyanobakterien (Blaualgen) und Algen statt (Primärproduktion). In dieser Zone leben auch zahlreiche Tiere, die sich von den Algen ernähren (Sekundärproduktion). In der dunklen tropholytischen Zone reicht das Licht für die Photosynthese nicht mehr aus, es können nur sauerstoffzehrende Prozesse ablaufen, hier kann, abgesehen von chemolithotrophen Bakterien, organische Substanz nur durch Abbau anderer organischer Substanz aufgebaut werden (Sekundärproduktion).

Eine weitere wichtige Untergliederung des Wasserkörpers resultiert aus der Temperatur in verschiedenen Wassertiefen und der temperaturabhängigen Dichte des Wassers. Der größte Teil der in ein Gewässer eindringenden Sonnenstrahlen wird nahe der Oberfläche absorbiert und in Wärme umgewandelt. Das warme Wasser hat eine geringere Dichte als das darunter befindliche kühlere Wasser und hat daher einen größeren Auftrieb. Eine Durchmischung von warmem und kaltem Wasser erfolgt durch den Wind. Die durchmischende Kraft des Windes kann den gesamten Wasserkörper erfassen, wenn keine oder nur geringe Temperaturunterschiede zwischen Oberflächenwasser und tieferen Wasserschichten bestehen. Bei größeren Temperaturunterschieden erfasst der Wind aber nur die oberflächennahen warmen Schichten. Eine solche Situation ist in Abb. 21 oben rechts gezeigt. Der Wind durchmischt eine warme Schicht bis in ca. 4 m Tiefe, innerhalb dieser Schicht (Epilimnion) ändert sich die Temperatur kaum mit der Tiefe (17,6 - 16,7 °C). Darunter folgt eine Schicht bis in ca. 8 m, in der die Temperatur schnell (sprunghaft) absinkt (von 16,7 - 8,0 °C). Diese Schicht wird daher auch als Sprungschicht oder Metalimnion bezeichnet. Unterhalb dieser Schicht folgt mit niedrigen und relativ konstanten Temperaturen (8,0 - 7,4 °C) das Hypolimnion. Dies ist das typische Temperaturprofil eines geschichteten Sees (LAMPRECHT & SOMMER 1993). Eine solche Schichtung ist während der Sommermonate relativ stabil und wird als Sommerstagnation bezeichnet.

4.4 Fließgewässer

Die Meerbecke ist das einzige permanent Wasser führende Fließgewässer im Bereich des Naturschutzgebietes Heiliges Meer. Temporäre Fließgewässer sind Gräben an der Nordseite des Gebietes, die Drainage-Wasser von landwirtschaftlichen Flächen abführen, bei entsprechend hohem Wasserstand aber auch Wasser aus den Teilgebieten Großes Heiliges Meer und Erdfallsee aufnehmen.

Bis Mitte der 60er Jahre floss die Meerbecke durch das Große Heiliges Meer (Name!). Durch das Wissen um die Gefahr, die dem Großen Heiligen Meer dadurch drohte, wurde auf Betreiben des damaligen Leiters der Biologischen Station, Dr. H. Beyer, im Rahmen des Flurbereinigungsverfahrens Hopsten II die Meerbecke östlich um das Naturschutzgebiet herumgeleitet. Bei einem Vergleich der heutigen ökologischen Situation mit früheren Angaben muss also berücksichtigt werden, dass die lange Zeit erfolgte direkte Stoffzufuhr über das Wasser der Meerbecke seit etwa vier Jahrzehnten unterbunden ist. Den Einfluss der Meerbecke insbesondere auf den Eisenhaushalt des Großen Heiligen Meeres hat KRIEGSMANN (1938) analysiert: „Der Bach wurde zur gradlinigen Wasserrinne mit der einen Bestimmung: die Niederschläge wie eine Dachtraufe möglichst schnell abzuführen. Die üblen Folgen, die neben der unnötigen Verschandelung der Landschaft entstanden, zeigen sich heute in dem völlig unausgeglichenen Wasserhaushalt des Gebietes." Kriegsmann (1938) stellte Eisenkonzentrationen zwischen 0,3 und 4,0 mg/l Eisen im Oberflächenwasser des Großen Heiligen Meeres fest. Er konnte einen Zusammenhang zwischen Sichttiefe und damit der Größe der produktiven Zone (trophogene Zone) und der Menge an Eisenhydroxid im Oberflächenwasser nachweisen. Nach der Umleitung der Meerbecke ist u.a. die Eisenkonzentration stark zurückgegangen. SCHULLER (1982) fand im Oberflächenwasser des Großen Heiligen Meeres nur noch 0,05 bis 0,5 mg/l Eisen, wobei ein deutlicher Anstieg während der Herbstzirkulation festzustellen ist. Dieses Eisen stammt aus dem Hypolimnion, in dem während der Sommerstagnation unter anaeroben Verhältnissen Eisen aus dem Sediment freigesetzt wird.

Der heutige Einfluss der Meerbecke auf das Naturschutzgebiet erfolgt über Stofftransporte durch das Grundwasser (PUST 1993, PUST et al. 1997). Ab 1987 haben die Verunreinigung der Meerbecke besonders mit Sulfaten und Schwermetallen stark zugenommen, die aus Abwasser stammen, das wegen des Abbaus von Gesteinen am Ibbenbürener Schafberg abgepumpt wird. Bis 1987 lagen die Werte für die Leitfähigkeit, die als Summenmaß für den Gehalt an allen Salzen dienen kann, bei maximal 400 µS/cm. Danach sind die Werte kontinuierlich auf Jahresmittelwerte von über 1000 µS/cm angestiegen. Außerdem war die Schwankungsbreite der Salzfracht enorm gestiegen, mit höchsten Werten von über 2000 µS/cm (PUST 1993). Sie belasten das Grundwasser des Schutzgebietes bereits erheblich, der Einfluß der Sulfatbelastung war bis in das Erdfallsee-Heideweiher-Gebiet nachzuweisen. Außer aus industriellen Abwässern erhält die Meerbecke im Drainage-Wasser von landwirtschaftlichen Flächen zusätzliche Nährstoffe (Stickstoff- und Phosphorverbindungen), es wurden aber auch Herbizide (Atrazin und seine Derivate) in der Meerbecke nachgewiesen (PUST 1993). Die Zufuhr von Drainage-Wasser aus Steinbruchbetrieben wurde vor einigen Jahren abgestellt, seitdem liegt die Leitfähigkeit je nach Jahreszeit zwischen 300 – 500 µS/cm.

5. Lebensräume

Im Naturschutzgebiet Heiliges Meer lassen sich als Hauptlebensräume (Biotope) Stillgewässer, Heiden und Wälder unterscheiden, seit der Gebietserweiterung sind auch feuchte Grünlandflächen und Brachen hinzugekommen. Diese Hauptlebensräume sind durch ihre Vegetation und ihre Differenzierung aufgrund kleinräumiger Unterschiede in Mikroklima, Bodeneigenschaften, Wasserstand, Wassertiefe und biotischer Wechselwirkungen charakterisiert. Für die Verteilung von Tieren sind Zusammensetzung und Wuchshöhe der Vegetation, Dicke der Streuschicht, Beschaffenheit des besiedelten Substrates, Dichte und Qualität der Nahrung, Sauerstoffgehalt des Wassers usw. von wesentlicher Bedeutung. Viele Teillebensräume (Biochorien) sind inselartig verteilt und bestehen oft nur kurzzeitig, z.B. Baumstümpfe, Exkremente, Aas und Pilze.

Eine erste Übersicht über die Lebensräume des Naturschutzgebietes gibt SCHWAR (1900), eine detaillierte Darstellung mit pflanzensoziologischer Charakterisierung veröffentlichte GRAEBNER (1930). Die meisten späteren Untersuchungen beschäftigten sich mit einzelnen Fragestellungen, einzelnen Lebensräumen oder Artengruppen. Ökosystemare Ansätze, d.h. Stoff- und Energieflüsse sowie Funktionsgefüge behandelnde Untersuchungen, finden sich vor allem in limnologischen Arbeiten über das Große Heilige Meer. In terrestrischen Lebensräumen beschäftigen sich jüngere vegetationskundliche Arbeiten mit Stofftransporten und von ihnen abhängige Vegetationsentwicklungen. Zoologisch ausgerichtete Arbeiten behandeln meist eng umgrenzte taxonomische Gruppen, mehrere für das Verständnis von Ökosystemen wichtige Tiergruppen wurden überhaupt noch nicht untersucht (vgl. Kap. 7).

Eine ausführliche Analyse der historischen Landschaftsentwicklung mit einer Bilanzierung der Flächenanteile der verschiedenen Flächennutzungen und der Landschaftselemente nahm BANGERT vor (BANGERT & KOWARIK 2000). Grundlagen hierfür waren historische Karten und Luftbilder, mit Hilfe von Textquellen wurden die sozio-ökonomischen Auslöser des historischen Wandels identifiziert. Aus der umfangreichen Arbeit zeigen die Abb. 22 und die Tab. 6 den Landschaftswandel von fast zwei Jahrhunderten.

Die ersten Katasterkarten von 1826-1827 weisen den überwiegenden Teil des Untersuchungsgebie-

Tab. 6: Flächenanteile der Nutzungstypen (in %) (aus Bangert 2000).

Nutzungstyp	1768	1826	1895	1939	1960	1996
Acker	2	8	9	26	29	59
Weide	<1	1	4	27	*	12
Wiese	12	14	13	15	*	2
Grünland	12	15	17	42	45	14
Laubwald/-gebüsch	*	*	2	3	2	5
Mischwald	*	*	2	2	1	4
Nadelforst/-wald	*	*	27	13	11	5
Wald/Forst	0	1	31	18	14	14
Heide	*	70	36	6	3	2
Gewässer	*	4	3	3	3	3
Heide/Gewässer	85	74	39	9	6	5
sonstige[1]	0	1	4	5	6	9

[1] Hoffläche/Stall, Wohnbebauung, Weg, Sportplatz

LEBENSRÄUME

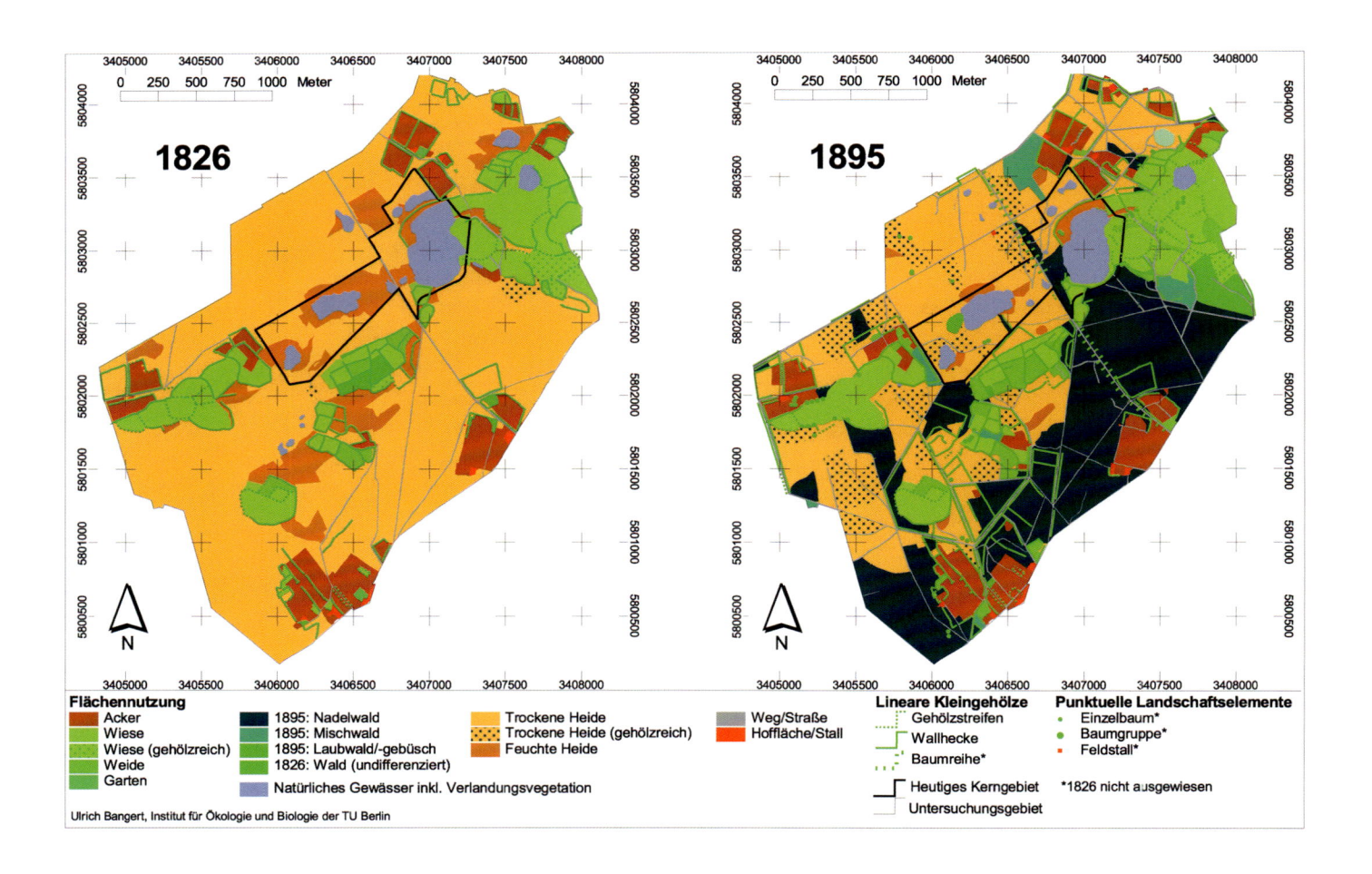

Abb. 22:
Wandel der Kulturlandschaft
im NSG Heiliges Meer
und seiner Umgebung
(aus Bangert 2000).

LEBENSRÄUME

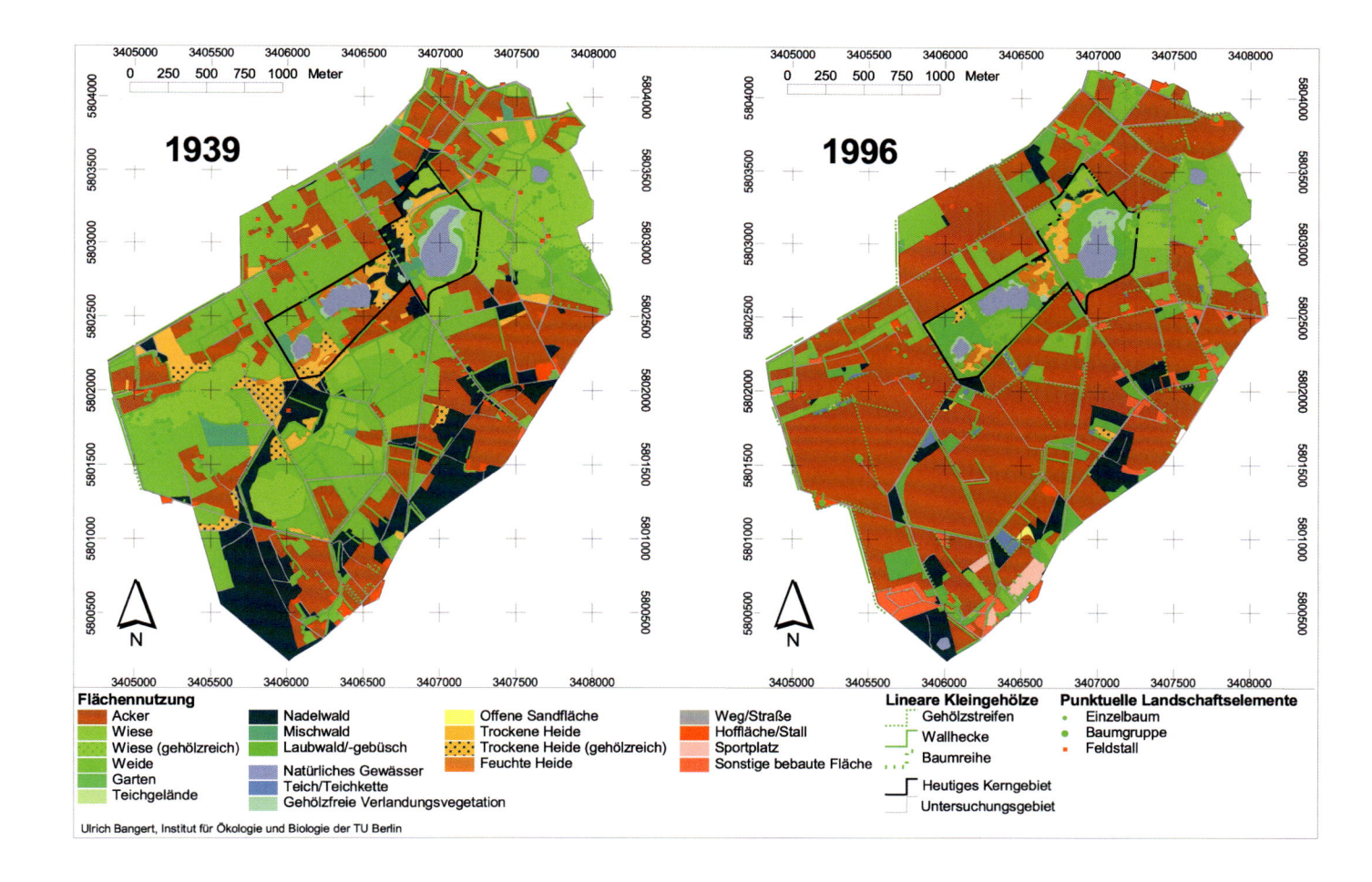

1939 / **1996**

Flächennutzung
- Acker
- Wiese
- Wiese (gehölzreich)
- Weide
- Garten
- Teichgelände
- Nadelwald
- Mischwald
- Laubwald/-gebüsch
- Natürliches Gewässer
- Teich/Teichkette
- Gehölzfreie Verlandungsvegetation
- Offene Sandfläche
- Trockene Heide
- Trockene Heide (gehölzreich)
- Feuchte Heide
- Weg/Straße
- Hoffläche/Stall
- Sportplatz
- Sonstige bebaute Fläche

Lineare Kleingehölze
- Gehölzstreifen
- Wallhecke
- Baumreihe
- Heutiges Kerngebiet
- Untersuchungsgebiet

Punktuelle Landschaftselemente
- Einzelbaum
- Baumgruppe
- Feldstall

Ulrich Bangert, Institut für Ökologie und Biologie der TU Berlin

Abb. 23:
Erlenbruchwald am
Großen Heiligen Meer.

tes als Allmende aus. Hiermit werden die Flächen eines Dorfes oder einer Bauernschaft bezeichnet, die von allen Grundbesitzern gemeinschaftlich genutzt werden konnten. Im Umfeld des Heiligen Meeres waren darin die Grundbesitzer der Bauernschaften und Kirchspiele Steinbeck, Hopsten, Püsselbüren und Uffeln berechtigt, Plaggen zu stechen, Holz zu nutzen und sie hatten unbegrenztes Weiderecht. Infolge dieser über mehrere Jahrhunderte ausgeübten Nutzung bildete sich eine baumarme, zwergstrauch- und pfeifengrasreiche Vegetation aus. Der Anteil kultivierter Flächen, d.h. Wiesen, Grasweiden und Äcker, blieb bis zum Ende des 19. Jahrhunderts gegenüber den Heiden unbedeutend, obwohl alle Allmendeflächen bis 1884 geteilt und privatisiert worden waren. Durch diese Aufteilung wurde der Kreis der Nutzungsberechtigen stark verkleinert. Zusammen mit der Effektivierung der Fütterung und Stallmistgewinnung veränderte sich die Heidenutzung, da das traditionelle Plaggen und Beweiden eingestellt wurden. Statt dessen wurden Kiefern aufgeforstet, wofür die Preußische Regierung Förderungen gewährte, oder es entstanden Kiefernwälder als Folge der Nutzungsaufgabe der Heideflächen. Die erste topographische Karte der preußischen Landvermessung von 1895 dokumentiert den Höhepunkt der „Koniferisierung", die in weiten Teilen Nordwestdeutschlands stattfand. Sie betraf im Bereich des Heiligen Meeres besonders die südlichen Sandflächen, während die alten, offenbar lange schon privat genutzten Niedermoorbereiche unberührt blieben.

Zu Beginn des 20. Jahrhunderts wurden die Heideflächen und Teile der Kiefernwälder großflächig kultiviert, so dass bereits Ende der 1930er Jahre große Bereiche in Grasweide und Acker umgewandelt waren. Zu dieser Zeit überwog der Grünlandanteil deutlich, jedoch wurden im Süden und Nordosten bereits größere Flächen als Äcker genutzt.

Der entscheidende Impuls, der aus der Grasweidelandschaft eine Ackerlandschaft werden ließ, ging von der Flurbereinigung der 1960er und 1970er Jahre aus. Sie veränderte die Besitzgrenzen der alten Grünlandbereiche grundlegend, während die großen Parzellen, die aus der Allmendeteilung hervorgegangen waren, weitgehend unberührt blieben. Im Bereich der Heilig-Meer-Niederung wurden asymmetrische Grenzen begradigt und die durchschnittlichen Flurstücksgrößen von ursprünglich 0,8 ha auf heute 2,2 ha vergrößert. Seit den 1970er Jahren hat sich das Grünland-Acker-Verhältnis, das seit Anfang des 19. Jahrhunderts bis in die 1960er Jahre relativ konstant bei etwa 2:1 lag, immer weiter verschoben und liegt heute bei etwa 1:4, bei einem Ackeranteil von knapp 60 % der Gesamtfläche.

In den folgenden Abschnitten sollen die Lebensräume des Naturschutzgebietes vorgestellt werden. Da kein Lebensraum in sich abgeschlossen ist, muss jede Grenzziehung daher mehr oder weniger willkürlich sein. Die verschiedenen Pflanzengesellschaften schaffen jedoch eine Strukturierung der Landschaft, durch die für viele, besonders kleinere Organismen scharfe biologische Grenzen entstehen. Die Lebensräume werden daher durch ihre Vegetation und die in ihnen unterscheidbaren Pflanzengesellschaften beschrieben. Das Vorkommen und die Bedeutung der Tiere wird nur in einigen Fällen erwähnt, hier sei auf Kapitel 7 verwiesen.

5.1 Gewässer

In den Gewässern wird die Freiwasserzone als Pelagial bezeichnet. Im Pelagial können zwei Gruppen von Organismen unterschieden werden, das Plankton und das Nekton. Zum Plankton gehören die schwebenden Organismen, die nicht oder nur zu geringer aktiver Bewegung fähig sind (u.a. Algen, Protozoen), zum Nekton gehören die größeren schwimmenden Tiere (Fische). Das Phytoplankton besteht aus den Blaualgen (Cyanobakterien) und höheren Algen (Primärproduzenten) in einem Größenbereich von 0,5 µm bis 1 mm (Kolonien auch größer). Das Zooplankton setzt sich hauptsächlich aus tierischen Einzellern, Rädertieren und Krebstieren zusammen. Eine besondere Lebensgemeinschaft ist das Neuston, das das

LEBENSRÄUME

○ Phytoplankton
● Zooplankton

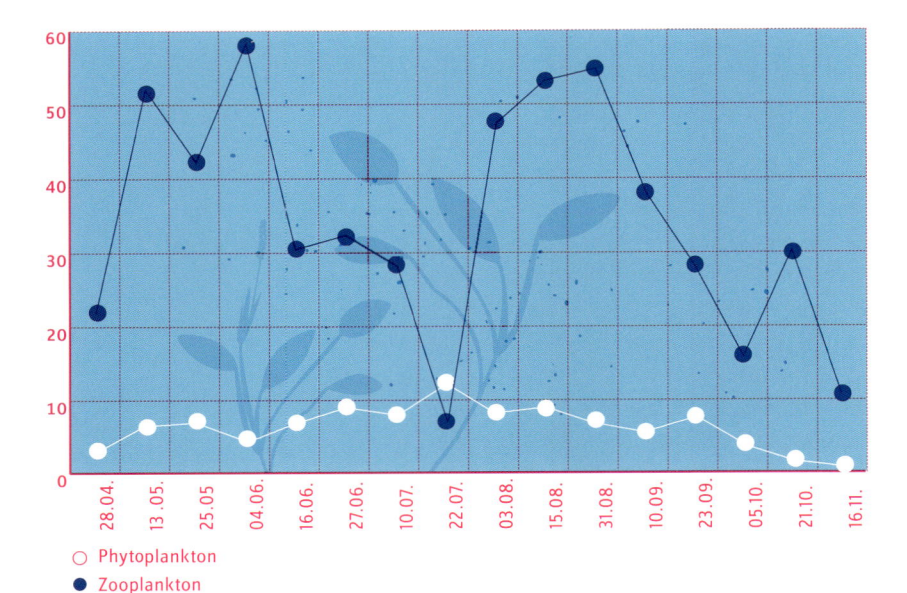

Abb. 24:
Jahreszeitliche Schwankungen der Phytoplankton- und Zooplanktonbiomasse (mg/l) im Epilimnion des Großen Heiligen Meeres (aus Lehnhardt 1982).

Oberflächenhäutchen stehender Gewässer besiedelt. Zahlreiche Mikroorganismen heften sich an die Grenzfläche Luft/Wasser, spezialisierte Tiere wie der Blattfußkrebs *Scapholebris mucronata* und die Wasserläufer nutzen diese als Nahrungsquelle.

Auf die ökologischen Besonderheiten in der Freiwasserzone des Großen Heiligen Meeres wurde bereits in Kap. 4 eingegangen. Die jahresperiodischen Unterschiede in den physico-chemischen Merkmalen spiegeln sich auch im Vorkommen des Phyto- und Zooplanktons wieder, was am Beispiel der Biomassenentwicklung von April bis November gezeigt werden soll (LEHNHARDT 1982, Abb. 24). Diese Graphik verdeutlicht auch eine Besonderheit mancher aquatischer Nahrungsketten. Während in den meisten terrestrischen und aquatischen Systemen die Biomasse der Pflanzen (Produzenten) um das mehrfache größer ist als die Biomasse der Tiere (Konsumenten), war das Verhältnis im Epilimnion des Großen Heiligen Meeres während der zitierten Untersuchung umgekehrt. Eine solche Situation kann entstehen, wenn die Pflanzen (Phytoplankton) kleiner als die Tiere (Zooplankton) sind, das Phytoplankton eine hohe Produktivität (Vermehrung) aufweist und schnell von Pflanzenfressern (Zooplankton) aufgenommen wird. Zum besseren Vergleich der Bedeutung dieser beiden trophischen Ebenen wäre die Kenntnis der Energieflüsse zwischen Phytoplankton und Zooplankton wichtig (ODUM 1980), eine entsprechende Untersuchung wurde im Großen Heiligen Meer nicht durchgeführt.

Tagesperiodische Unterschiede in der vertikalen Verteilung konnten für viele Planktonarten gezeigt werden. Gut untersucht sind die Vertikalwanderungen von planktontischen Krebstieren in mitteleuropäischen Seen (LAMPERT & SOMMER 1993), Planktonalgen führen tagesperiodische Wanderungen durch (Abb. 25). Im Großen Heiligen Meer sind die tagesperiodischen Wanderungen der Büschelmücke *Chaoborus cristallinus* bekannt und ihre Anpassung an anaerobe Milieubedingungen analysiert (OPALKA 1977). Solche Wanderungen sind das Resultat von Anpassungen an biotische und abiotische Faktoren im Gewässer, u.a. tageszeitlich unterschiedliche Aktivität von räuberischen Tieren, Verteilung von Nährstoffen und Licht im Wasser.

Artenreicher als das Pelagial ist die Bodenzone der Gewässer, das Benthal. Die Bodenzone wird in zwei ökologisch verschiedene Bereiche eingeteilt: das Litoral, das im Bereich der durchlichteten trophogenen Zone liegt und u.a. durch die Besiedlung mit höheren Pflanzen gekennzeichnet ist, und das darunter sich anschließende Profundal. Das Profundal des Großen Heiligen Meeres und des Erdfallsees ist sehr artenarm, es kommen hauptsächlich Bakterien vor. Alle anderen Gewässer des Naturschutzgebietes sind nicht tief genug, um ein Profundal auszubilden, hier ist eine Besiedlung durch höhere Pflanzen auf dem gesamten Gewässerboden möglich.

Die Vegetationszonierung vom tiefen Wasser zum Ufer ist für die Gewässer des Naturschutzgebietes gut dokumentiert (RUNGE 1969b, POTT 1983). Die physico-chemische Beschaffenheit des Wassers beeinflusst die Zusammensetzung und die räumliche Anordnung der Vegetation, die verschiedenen Pflanzengesellschaften sind Anzeiger für die spezifischen Nährstoffbedingungen des Wassers. Einzelne Pflanzenarten sind eng an bestimmte Nährstoffgehalte angepasst, während andere Arten eine weite ökologische Amplitude besitzen und damit an Gewässern unterschiedlicher Trophiestufen vorkommen.

Die Vegetationszonierung eines Uferabschnittes des Erdfallsees ist in Abb. 26 oben gezeigt. Es handelt sich um eine typische oligotrophe Vegetationszonierung, die durch die Vegetationseinheit der Strandlingsgesellschaft charakterisiert ist. Im tiefen Epilimnion wird die Vegetation durch vereinzelte Armleuchteralgen (*Chara* spec.) gebildet. Das ständig vom Wasser gedeckte Litoral wird bis in eine Tiefe von 50 cm von der sehr selten gewordenen Lobelien-Gesellschaft besiedelt. In der amphibischen Zone folgen dichte Strandlingsrasen (*Litorella uniflora*), landwärts schließen sich Kleinseggensümpfe an, vor allem die Hundsstraußgras-Grauseggen-Gesellschaft (Carici canescenti-Agrostietum caninae).

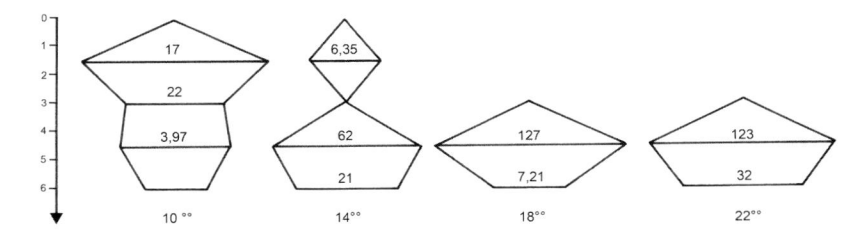

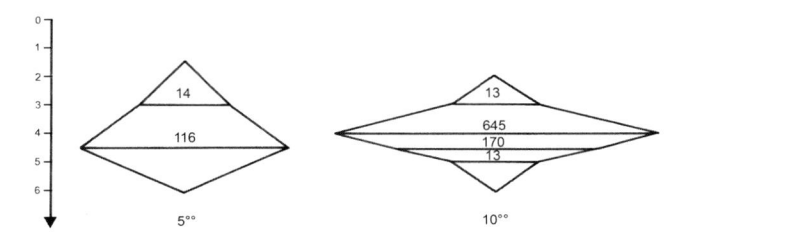

Der Heideweiher zeigt eine Vegetationszonierung, die für dystroph-mesotrophe Flachgewässer charakteristisch ist (Abb. 26 Mitte). Das Bodensubstrat besteht als Folge einer gewissen Eutrophierung aus Torfschlamm (Dygyttia). Im tieferen Wasser bildet die Kleine Weiße Seerose (*Nymphaea alba* var. *minor*), eine modifikatorische Wuchsform der Weißen Seerose in nährstoffarmem Wasser, dichte Bestände. Den wechselfeuchten Bereich nehmen wiederum Strandlings-Gesellschaften ein, hier mit der Flutenden Simse (*Isolepis fluitans*) und der Vielstengel-Simse (*Eleocharis multicaulis*). Als charakteristische Arten dystropher Gewässer treten die Knotenbinse (*Juncus bulbosus*) und verschiedene Torfmoosarten (*Sphagnum* spec.) auf. Am Ufer folgt ein etwa 1-2 m breites Gagelgebüsch, dem sich landwärts ein Birkenbruchwald anschließt.

Abb. 25: Tagesperiodische Unterschiede in der vertikalen Verteilung der Kieselalge *Asterionella formosa* im Großen Heiligen Meer im August 1981 (aus Lehnhardt 1982).

LEBENSRÄUME

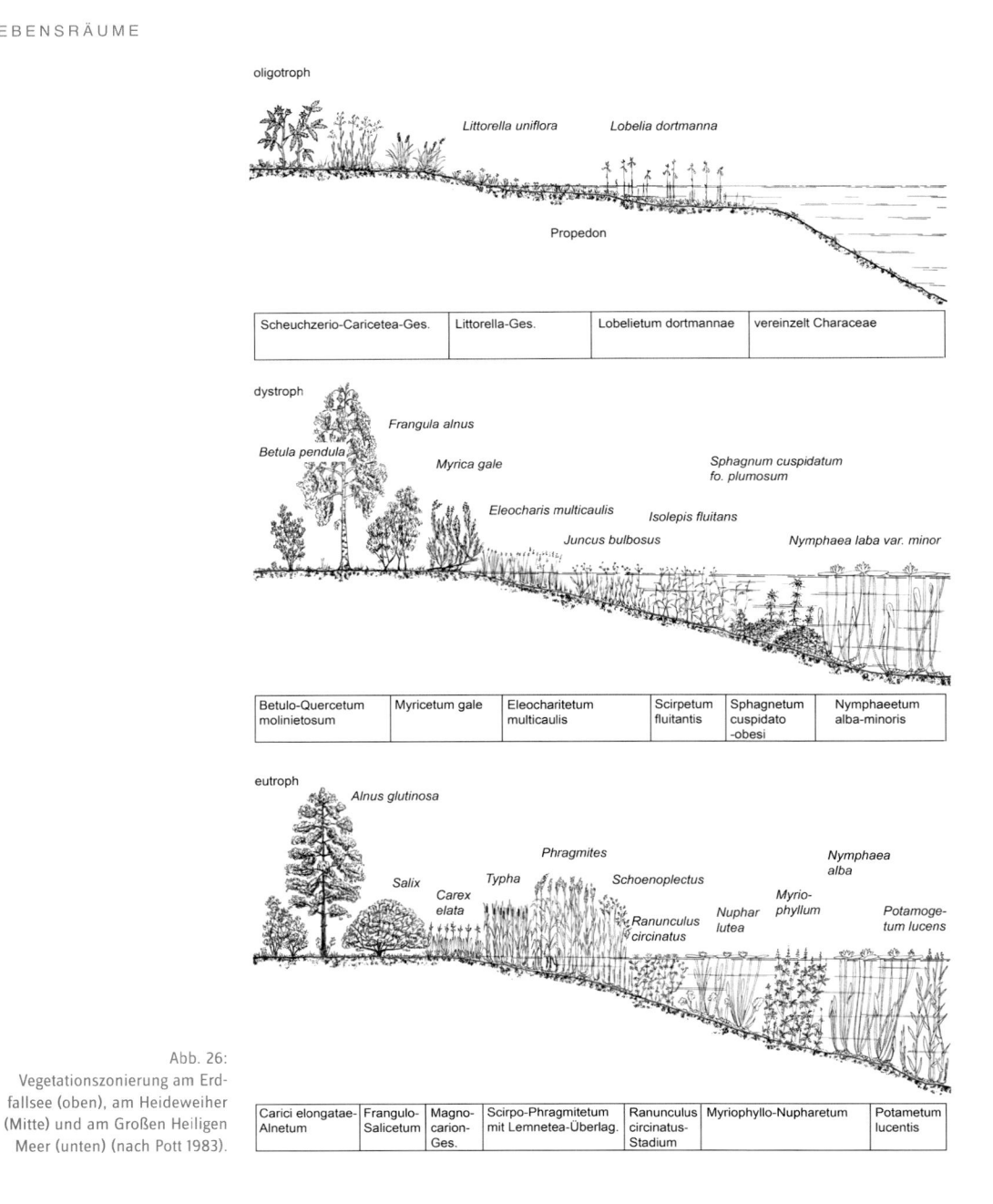

Abb. 26: Vegetationszonierung am Erdfallsee (oben), am Heideweiher (Mitte) und am Großen Heiligen Meer (unten) (nach Pott 1983).

LEBENSRÄUME

Pflanzengesellschaft	GHM	EFS	HW
Spiegellaichkraut-Gesellschaft *Potamoetum lucentis*	(+)		
Gesellschaft des Dichten Laichkraut *Groenlandietum densae*	(+)		
Seerosen-Gesellschaft *Myriophyllo-Nupharetum*	+		
Teichröhricht *Scirpo-Phragmitetum*	+	+	
Wasserlinsen *(Lemna minor)*-Decke	+		
Kleinsternlebermoos-Gesellschaft *Riccietum fluitantis*	+	+	
Wasserhahnenfuß-Gesellschaft *Ranunculetum aquatilis*	+		
Spreizhahnenfuß-Gesellschaft *Ranunculetum circinati*	+		
Fieberklee-Gesellschaft *Carici-Menyanthetum*		+	+
Schnabelseggen-Ried *Caricetum rostratae*	+	+	+
Fadenseggenwiese *Caricetum lasiocarpae*		+	
Schneiden-Ried *Cladietum marisci*		(+)	
Waldbinsen-Sumpf *Juncetum acutiflori*	(+)		
Hundsstraußgras-Grauseggen-Sumpf *Carici canescentis-Agrostietum caninae*	+	+	+
Lobelien-Gesellschaft *Lobelietum dortmannae*		+	(+)
Vielstengelsimsen-Gesellschaft *Eleocharitetum multicaulis*	(+)	+	+
Pillenfarn-Gesellschaft *Pilularietum globuliferae*	(+)		
Knollenbinsen-Torfmoos-Gesellschaft *Sphagno-Juncetum bulbosi*			+
Spießtorfmoos-Wollgras-Gesellschaft *Sphagno cuspidato-Eriophoretum angustifolii*	+		+
Flutsimsen-Gesellschaft *Scirpetum fluitantis*			+
Moor-Seerosen-Gesellschaft *Nymphaeetum albo-minoris*		+	+

Tab. 7
Vorkommen von Wasser- und Sumpfpflanzengesellschaften im Großen Heiligen Meer (GHM), im Erdfallsee (EFS) und im Heideweiher (HW) (nach RUNGE 1991). Eingeklammerte Angaben bedeuten, daß das heutige Vorkommen fraglich ist.

Das Große Heilige Meer zeigt die gesamte Sukzessionsserie der nährstoffreichen Vegetationszonierung (Abb. 26). Das tiefe Wasser des Seebeckens ist frei von höheren Pflanzen. Die äußere Vegetationszone wird von der Spiegellaichkrautgesellschaft (Potamogetum lucentis) gebildet, die noch in über 5 m tiefem Wasser wurzeln kann. Der Laichkrautzone folgt die Seerosen-Gesellschaft (Myriophyllo-Nupharetum), deren Aspekt von der Weißen Seerose und der Gelben Teichrose geprägt wird. Zu dieser Gesellschaft gehören auch Quirl-Tausendblatt (*Myriophyllum verticillatum*), Ähren-Tausendblatt (*Myriophyllum spicatum*) und Wasserknöterich (*Polygonum amphibium* fo. *natans*), die verschiedene Ausprägungsformen der Gesellschaft kennzeichnen. In Wassertiefen von etwa 1 m bildet der Spreizende Wasserhahnenfuß (*Ranunculus circinatus*) dichte Bestände. Das anschließende Röhricht ist aus Herden bildenden hochwüchsigen Pflanzen zusammengesetzt, am häufigsten ist das Schilf (*Phragmites australis*). Zwischen den Ufergehölzen, die aus Grau- und Ohrweiden (*Salix cinerea* und *S. aurita*) sowie dem Faulbaum (*Frangula alnus*) bestehen, und dem Schilfröhricht kommen inselartig Einzelhorste von Arten der Großseggengesellschaften vor, u.a. Steif-Segge (*Carex elata*). Die Schlussgesellschaft bildet der Erlenbruchwald (Carici elongatae-Alnetum ty-

Abb. 27:
Kleingewässer im
Feuchtgrünland
"Üffings Weide"

picum), in dessen Unterwuchs noch Reste des Röhrichts, der Großseggengesellschaften und der Weidengebüsche vorkommen.

Die Vegetation in den verschiedenen Gewässern des Naturschutzgebietes zeigt eine sehr unterschiedliche Dynamik. Aufgrund der geringen Nährstoffgehalte und daher geringen Produktivität an Pflanzenbiomasse bleibt die Vegetationszonierung an den oligotrophen, dystrophen und auch an den mesotrophen Gewässern über lange Jahre relativ stabil, solange keine Nährstoffe von außen zugeführt werden. Am Großen Heiligen Meer findet wegen der größeren Produktion an Pflanzenbiomasse eine deutlich feststellbare Verlandung statt. Als Verlandung wird die allmähliche Auffüllung eines Sees mit anorganischem und organischem Material verstanden. Das Gewässer wird durch die immer wieder absinkenden Stoffe immer flacher. Die Pflanzengesellschaften, die aufgrund ihrer Anpassung an unterschiedliche Wassertiefen die charakteristische Vegetationszonierung bilden, schieben sich mit zunehmender Verlandung weiter zur Gewässermitte vor, bis der Boden das Gewässer vollständig aufgefüllt und von Vegetation bedeckt ist. Die Vegetationszonen eines eutrophen Gewässers stellen daher Sukzessionsreihen bzw. Verlandungsreihen dar. Das Endstadium der Verlandung ist dann ein Flach- oder Niederungsmoor, das in der Regel einen Bruchwald trägt. Aufgrund der Tiefe des Großen Heiligen Meeres (über 10 m) wird dieser Prozess noch viele hundert Jahre dauern.

5.2 Heide

Auf den Böden des Naturschutzgebietes und seiner Umgebung wuchsen ursprünglich hauptsächlich Wälder. Als natürliche Vegetation des Gebietes gelten die feuchten und trockenen Ausprägungen des Birken-Eichen-Waldes. Umfangreiche Rodungen seit dem frühen Mittelalter, rücksichtslose Holznutzung, Waldhude und Streugewinnung haben die Wälder vernichtet, die wichtigsten Ersatzgesellschaften auf den armen Sandböden waren Heidegesellschaften und Sandtrockenrasen. Insbesondere durch Schafbeweidung wurde eine Verbuschung und Wiederbewaldung der Heiden verhindert. Ende des 19. Jahrhunderts begannen umfangreiche Wiederaufforstungen auf den völlig degradierten Böden. Durch die im 19. Jahrhundert einsetzende Technisierung konnten immer mehr Flächen durch die Landwirtschaft genutzt werden, so dass Heiden und Sandtrockenrasen immer seltener wurden. In den dreißiger Jahren unseres Jahrhunderts wurde versucht, einige der letzten Heideflächen in Naturschutzgebieten zu erhalten. Heute kommen größere Heideflächen nur noch in Naturschutzgebieten vor, in denen sie auch gepflegt wer-

LEBENSRÄUME

Sandböden tragen Gesellschaften mit Besenheide bzw. Krähenbeere. Folgende Pflanzengesellschaften der feuchten und trockenen Heiden und der Sandtrockenrasen können im Gebiet abgegrenzt werden (nach RUNGE 1991, HALLEKAMP 1992):

Glockenheide-Gesellschaft	*Ericetum tetralicis*
Pfeifengras-Gesellschaft	*Erico tetralicis-Molinietum*
Schnabelsimsen-Gesellschaft	*Rhynchosporetum albae*
Feuchte Heide	*Genisto-Callunetum molinietosum*
Trockene Heide	*Genisto Callunetum typicum*
Krähenbeer-Heide	*Genisto-Callunetum empetretosum*
Feinschwingel-Borstgrasrasen	*Festuca tenuifolia-Nardus stricta*-Gesellschaft
Rasen der Sparrigen Binse	*Juncetum squarrosi*
Silbergras Flur	*Spergulo vernalis-Corynephoretum canescentis*
Gesellschaft des Frühen Schmielenhafers	*Airetum praecocis*
Sandstraußgras-Rasen	*Agrostietum coarctatae*
Rotstraußgras-Flur	*Agrostietum tenuis*

den. Heiden nehmen im Naturschutzgebiet Heiliges Meer etwa ein Viertel der gesamten Fläche ein.

Die wichtigsten, teilweise den Aspekt bildenden Zwergsträucher der Heiden sind Besenheide (*Calluna vulgaris*), Glockenheide (*Erixa tetralix*) und Krähenbeere (*Empetrum nigrum*). Die Ausprägung der Pflanzengesellschaften der Heiden ist abhängig von den Bodenverhältnissen, der Nährstoffversorgung, der Wasserversorgung und der Pflege. Feuchte Bereiche werden durch Gesellschaften mit Glockenheide und Torfmoosen besiedelt, die trockenen

Diese Pflanzenbestände unterliegen einer ständigen Änderung. Durch eine große Zahl von Dauerquadratuntersuchungen von F. RUNGE (Beispiele in Tab. 17-19) sind diese Änderungen im Naturschutzgebiet gut dokumentiert (vgl. die Hinweise im Literaturverzeichnis). Wichtiger Faktor der ursprünglich weiten Verbreitung dieser Pflanzengesellschaften war die intensive Nutzung durch den Menschen und seine Tiere. Ihr heutiges Bestehen ist jedoch nicht durch einen Schutz vor dieser Nutzung sicherzustellen, sondern es muss versucht werden, wichtige Aspekte dieser Nutzung nachzuahmen.

Bis 1960 hatte nach Aufgabe der alten Nutzung auf vielen Flächen des Gebietes eine Bewaldung stattgefunden. Daher wurden 1961 etwa 600 30- bis 40jährige Kiefern, aber auch Birkengruppen

Abb. 28:
Rentierflechten der Gattung *Cladonia* gehören zu den charakteristischen Arten der verschiedenen Heidegesellschaften. Die abgebildete *Cladonia portentosa* ist nach einem starken Rückgang in den siebziger und achtziger Jahren heute wieder an vielen Stellen zu finden.

Abb. 29:
Sukzession auf einem ehemaligen Acker, dessen humoser Oberboden vollständig abgeschoben wurde.

LEBENSRÄUME

Abb. 30: Birkenbruchwald am Großen Heiligen Meer.

geschlagen, nur Einzelbäume und ein Sichtschutzstreifen blieben stehen (BEYER 1968). Im selben Jahr wurde mit der Beweidung durch eine Heidschnuckenherde begonnen. Zunächst konnten sich die Tiere im gesamten Gebiet frei bewegen, seit 1968 wurden Teilflächen der Heide eingegattert, auf denen sich seitdem die Beweidung konzentriert. Da die Beweidung nur teilweise erfolgreich war, z.B. wurde die Hängebirke (*Betula pendula*) nur in geringem Maße dezimiert, außerdem breitete sich das Pfeifengras (*Molinia caerulea*) weiter aus, wurde nach weiteren Möglichkeiten zur Erhaltung der Heide gesucht. Hierzu wurden im Naturschutzgebiet Heiliges Meer auf kleinen Flächen mehrere Versuche durchgeführt, u.a. Abrennen, Mähen und Abplaggen der Rohhumusschicht. Da diese Methoden mit verschiedenen Problemen behaftet sind, bleibt der zur Zeit wichtigste Faktor die Beweidung durch Schafe und zeitweilig das manuelle Entfernen des Birkenaufwuchses (Rehage mdl.). Hierdurch wird zwar die Heide weitgehend frei von Baumwuchs gehalten, ein weiterer Faktor für ihre Erhaltung, die extreme Nährstoffarmut des Bodens, wird dadurch nicht beeinflusst. Vielmehr erfolgt durch die Primärproduktion der Pflanzen und die hohen Immissionen von Nährstoffen durch die Luft und den Regen eine ständige Erhöhung des Nährstoffgehaltes. Die Eutrophierung, das „gravierendste Problem für den Naturschutz", schafft günstige Bedingungen für konkurrenzkräftige Pflanzen mit höheren Ansprüchen an die Nährstoffversorgung des Bodens, die mit der Zeit die genügsameren und langsamwüchsigen Pflanzenarten der Heiden überwachsen und verdrängen können.

Die Eutrophierung der Heide führt auch zu einer dichten Vegetationsdecke, und die für arme Böden charakteristischen schütter oder gar nicht bewachsenen Rohböden verschwinden. Aber gerade diese freien Sandflächen, die z.T. lückig mit einer Pioniervegetation aus Kryptogamen bewachsen sind, gehören zu den von vielen wärmeliebenden Tieren besiedelten Standorten. Hier müssen insbesondere die Hautflügler (Hymenoptera) mit den Sandwespen, Grabwespen und Ameisen genannt werden. Aber auch die räuberischen Sandlaufkäfer und an Abbruchkanten Ameisenlöwen sind auf diese freien Sandflächen angewiesen.

Durch den Kauf einer weiteren Fläche besteht seit einigen Jahren die Möglichkeit, die Heideflächen des NSG zu vergrößern. Hierzu wurde der nährstoff- und humusreiche Oberboden vollständig abgeschoben und abtransportiert. Nach der anschließenden Einzäunung der Fläche kann die Fläche von Mufflons beweidet werden, um die Ansiedlung von Gehölzen, besonders Birken, Kiefern und Eichen, gering zu halten.

5.3 Wälder

Wälder sind zwar allgemein noch häufig, feuchte Wälder wie die im Naturschutzgebiet Heiliges Meer sind aber mittlerweile selten geworden. Die meisten Wälder des Gebietes sind nicht alt. Noch Ende des vorigen Jahrhunderts reichten Wiesen und Heiden bis direkt an das Große Heilige Meer, das heute von hoch gewachsenen Waldstreifen eingerahmt ist. Auch im Luftbild von 1939 sind kaum waldähnliche Bereiche im Naturschutzgebiet auszumachen, wohl erkennt man niedrige Gebüsche an den Gewässerufern. Detaillierte Auskünfte über die Verbreitung und das Aussehen dieser Wälder gibt GRAEBNER (1930). Kiefernwälder gab es zur Zeit seiner Untersuchungen nur zu beiden Seiten der Landstraße von Hopsten nach Ibbenbüren. Ob es sich hierbei um autochthone Kiefernvorkommen handelt, wie sie SCHROEDER (1956) für den Bereich des Schutzgebietes aufgrund von Pollenanalysen annimmt, ist nicht sicher bekannt. Ein Erlenbruch mit hohen Bäumen säumte das West- und Südufer des Großen Heiligen Meeres. Im Bereich des heutigen „einzigartig und äußerst charakteristisch ausgebildeten Erlenbruchwaldes" (RUNGE 1991) am Ostufer des Großen Heiligen Meeres gab es damals nur einen Bruchwald in einem sehr jungen Stadium, die dominierende Schwarzerle hatte eine Höhe von etwa 5 m. Am Erdfallsee wuchs am Westufer ein Bruchwald aus Grauweide (*Salix cinera*) und Gagel (*Myrica gale*), die übrigen Ufer besaßen nur teilweise einen Saum aus Gagel. Am Nordwestufer des Heideweiher gab es einen Gebüschgürtel aus Grauweide und Schwarzerle, am Südwestufer einen aus Ohrweide und Schwarzerle, ansonsten säumte Gagel das Ufer. In allen Gebüschen eingestreut fand sich die Moorbirke. Die Heideflächen bezeichnet GRAEBNER (1930) teilweise als Kiefernheide, also wohl mit locker eingestreuten Kiefern.

Seit der Ausweisung zum Naturschutzgebiet gibt es im Gebiet keine Holznutzung mehr. Aus den Kiefernheiden wurden jedoch 1961 die Kiefern herausgeschlagen, durch Beweidung mit Schafen und durch die manuelle Beseitigung von Gehölzjungwuchs wird eine Verbuschung und Bewaldung der Heideflächen verhindert.

Heute gibt es in allen Teilen des Naturschutzgebietes Wälder mit hoch gewachsenen Bäumen. RUNGE (1991) unterscheidet folgende Wald- und Gebüschgesellschaften:

Walzenseggen-Erlenbruchwald	*Carici elongatae-Alnetum*
Erlen-Eichen-Birkenwald	*Betulo-Quercetum alnetosum*
Birkenbruch	*Betuletum pubescentis*
Stieleichen-Birkenwald	*Betulo-Quercetum roboris*
Kiefernbestände	
Weiden-Faulbaum-Gebüsch	*Frangulo-Salicetum cinereae*
Gagelgebüsch	*Myricetum gale*
Gestrüpp der Angenehmen Brombeere	*Rubetum grati*

Zu den besonderen Merkmalen der Bruchwälder gehört der hohe Grundwasserstand, der auch der wichtigste abiotische Faktor für ihre Entstehung und Erhaltung ist. Hieraus resultiert auch die Seltenheit dieser Waldgesellschaften, da sowohl durch landwirtschaftliche Entwässerungsmaßnahmen als auch durch die Forstwirtschaft selbst das Grundwasser vieler solcher Wälder abgesenkt

Abb. 31: Waldkauz im Tagesversteck.

wurde und damit diese Wälder vernichtet wurden (DÖRING-MEDERAKE 1991).

Verglichen mit vielen Wirtschaftswäldern, die ein junges Sukzessionsstadium in der Waldentwicklung darstellen und möglichst frei von Totholz und „krankem" Holz gehalten werden, bleiben im Naturschutzgebiet Heiliges Meer alle toten und kranken Bäume und alles durch Wind oder Blitz aus den Bäumen brechende Holz an Ort und Stelle stehen oder liegen. Dem Erhalt solchen Tot- und Altholzes widmen sich in den meisten Bundesländern mittlerweile eigene Naturschutzprogramme durch Ausweisung und Schutz von Naturwaldzellen.

Das „kranke" und tote Holz bietet einer Vielzahl von Organismen Besiedlungs- und Entwicklungssubstrat. Trotz der Häufigkeit und auffallenden Präsenz dieser Strukturen wurden erst wenige Untersuchungen zu ihrem Arteninventar durchgeführt. RUNGE (1992) weist auf die deutliche Zunahme der Holz-Saprophyten und -Parasiten unter den Pilzen hin (vgl. Kap. 6.2). Und gerade die Holzpilze sind wichtiges oder einziges Nahrungssubstrat z.B. vieler holzbewohnender Käferarten, aber auch vieler anderer Insektenarten. Der Abbau durch die Pilze und die Fraßtätigkeit vieler Insekten (besonders ihrer Larven) führt zum allmählichen Zerfall und schließlich zur Humifizierung des Holzes.

Totholz ist auch ein wichtiges Substrat für eine spezifische Kryptogamenflora (DANIELS 1991). In den Wäldern um das Große Heilige Meer wurden insgesamt 28 Kryptogamengesellschaften erfasst (WULFERT 1992), einige davon besonders oder ausschließlich auf verrottenden Baumstümpfen oder Baumstämmen. Die Kryptogamen spielen wiederum eine wichtige Rolle als Lebens-, Schutz- und Überwinterungsstätte sowie als Nahrungsproduzenten für Tiere.

Dass die Entwicklung der Wälder des Gebietes von jungen Sukzessionsstadien zum reifen Wald noch längst nicht abgeschlossen ist, zeigt auch die Änderung der Siedlungsdichte von Vogelarten, die Höhlen oder Nischen in Bäumen zur Anlage ihrer Nester benötigen. So ist der Kleiber als Höhlenbrüter erstmals Mitte der 80er Jahre im Naturschutzgebiet als Brutvogel festgestellt worden, seitdem brütet er regelmäßig in mehreren Paaren im Gebiet. Eine auffällige Zunahme der Siedlungsdichte in den letzten 40 Jahren wurde auch beim Gartenbaumläufer ermittelt: Während es 1955 und 1974 erst 4 bzw. 3 Brutreviere im Gebiet gab, erbrachte die Kartierung für 1994 19 Brutreviere. Diese Zunahme, die auch für andere Höhlenbrüter unter den Vögeln gilt, ist das direkte Ergebnis der Zunahme geeigneter Strukturen in Form von „kranken" (Spechthöhlen) und abgestorbenen Ästen und Bäumen.

6. Pflanzenwelt

Die Pflanzenwelt des Naturschutzgebietes Heiliges Meer ist sehr gut untersucht (hier in traditioneller Weise mit den Pilzen). Dies liegt zum einen in der relativen Leichtigkeit ihrer Erfassung, im besonderen aber an den zahlreichen pflanzenkundlichen Kursen, die seit vielen Jahrzehnten in der Biologischen Station stattfinden. Einige Kursleiter (u.a. Dr. Hermann Jahn, Dr. Fritz Koppe, Annemarie Runge, Dr. Fritz Runge, Heinz Lienenbecker) haben neben eigenen Erfassungen auch alle Beobachtungen während der Kurse gesammelt und publiziert. Weitere floristische Informationen finden sich in den vielen ökologischen Arbeiten, die im Naturschutzgebiet durchgeführt wurden, z.B. über Planktonorganismen, Aufwuchsalgen, Kryptogamen- und Gefäßpflanzengesellschaften. In den folgenden Kapiteln soll ein Überblick über die bisherigen floristischen Kenntnisse im Naturschutzgebiet und die hierüber erschienene Literatur gegeben werden.

6.1 Algen

Angaben zur Algenflora des Gebietes finden sich in den meisten Arbeiten zur Ökologie der Gewässer. Als Primärproduzenten kommt den planktontischen Algen eine Schlüsselstellung zu, sie treten im Pelagial in z.T. großen Dichten auf. Besonders artenreich sind aber die Algenarten des Litorals vertreten, da die Litoralregion in viele verschiedene Mikrohabitate reich gegliedert ist. Erste Angaben zu den Planktonalgen macht KEMPER (1930), ausführliche Untersuchungen zum Plankton und

Tab. 8
Algenklassen und häufige Arten bzw. Gattungen im Naturschutzgebiet Heiliges Meer.

Prokaryota

Cyanophyta, Blaualgen	*Lyngbya lauterbornii*
	Lyngbya pseudospirulina
	Merismopedia spec.
	Microcystis flos aquae

Eukaryota

Chloromonadophyceae, Gelbgrüne Monaden	*Goniostomum semen*
Cryptophyceae	*Cryptomonas-Arten*
Pyrrhophyceae (Dinophyta), Panzeralgen	*Ceratium hirundinella*
	Gymnodinium-Arten
	Peridinium tabulatum u.a.
Euglenophyceae, Augenflagellaten	*Trachelomonas volvocina*
Chlorophyceae, Grünalgen	*Ankistrodesmus falcatus var. acicularis*
	Pediastrum boryanum
	Scenedesmus quadricauda
	Staurastrum paradoxum, furcigerum u.a.
	Closterium-Arten
	Micrasterias-Arten
	Euastrum-Arten
	Cosmarium-Arten
	Bulbochaete spec.
	Oedogonium-Arten
	Mougeotia-Arten
	Spirogyra-Arten
Chrysophyceae, Goldalgen	*Dinobryon divergens u.a.*
	Mallomonas caudata
	Synura uvella
Xantophyceae, Gelbgrünalgen	*Tribonema spec.*
Bacillariophyceae (Diatomeae), Kieselalgen	*Cyclotella comta*
	Asterionella formosa
	Fragilaria crotonensis u.a.
	Navicula-Arten
	Tabellaria flocculosa u. fenestrata
Rhodophyceae, Rotalgen	*Batrachospermum moniliforme*

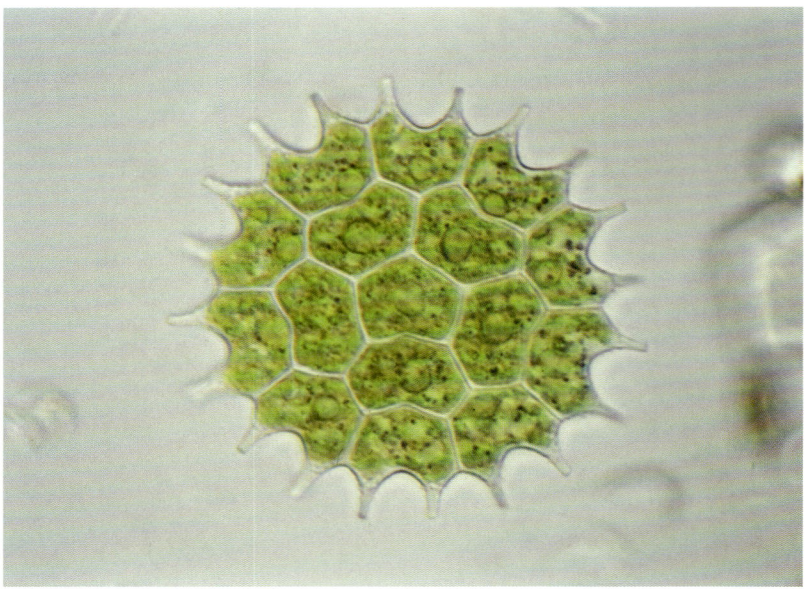

zu den Aufwuchsalgen legten KRIEGSMANN (1938) und BUDDE (1942) vor. Neuere Arbeiten über Planktonalgen stammen von EHLERS (1965, 1966) und LEHNHARDT (1982), Angaben zu weiteren Algen finden sich bei MÜCKE (1978) und WYGASCH (1963). Es sind bisher mehrere Hundert Algenarten aus dem Gebiet bekannt geworden. Eine Zusammenfassung erfolgte durch BUDDE (1942). Über die Diatomeen des Großen Heiligen Meeres haben W. HOFMEISTER und E. BARTH geforscht. Eine Liste aller 250 bisher nachgewiesenen rezenten und fossilen Diatomeen hat BARTH (2002) zusammengestellt.

In der Tab. 8 sind die im Naturschutzgebiet vorkommenden Klassen der Algen aufgeführt. Zu jeder Klasse werden im Gebiet häufige Arten bzw. Gattungen genannt, die regelmäßig im Rahmen von gewässerökologischen Kursen in Plankton- und Aufwuchsproben zu finden sind.

Zu den auffallendsten Algenarten gehören wegen ihrer schönen Formen die Zieralgen. Gerade die Gewässer des Naturschutzgebietes Heiliges Meer beherbergen eine große Artenzahl aus dieser Gruppe. Die Auflistung von BUDDE (1942) führt insgesamt 120 Zieralgenarten für das Gebiet auf. Eine spätere Analyse der Zieralgenarten des Erdfallsees durch WYGASCH (1963) konnte z.B. 5 *Micrasterias*-Arten bestätigen, eine weitere Art (*Micrasterias americana*) konnte er als neu für das Gewässer melden.

Abb. 32:
Synura uvella (Goldalge).
Einzelzelle 20-30µm lang,
Kolonien 100-400µm groß.

Abb. 33:
Pediastrum boryanum
(Grünalge), Einzelzelle bis
40 µm, Kolonien bis 400µm.

PFLANZENWELT

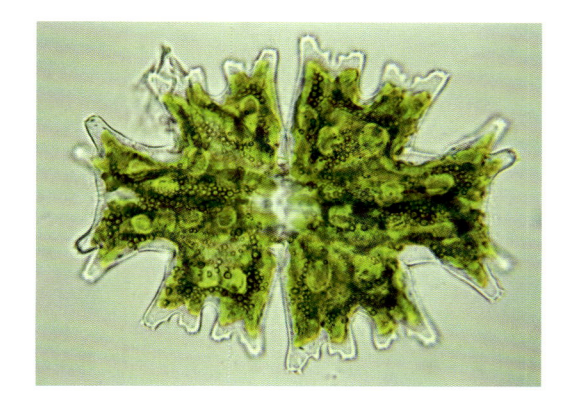

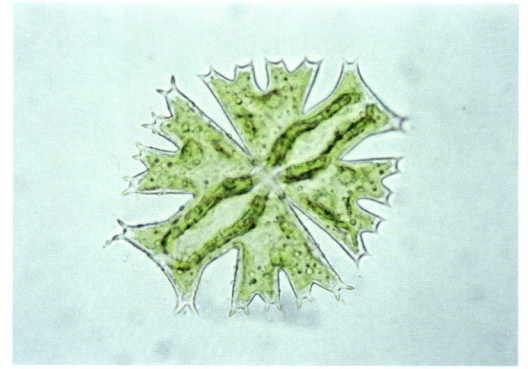

Abb. 34:
Micrasterias americana
(Zieralge). 100-160 µm lang.

Abb. 35:
Micrasterias crux-melitensis
(Zieralge). 85-165 µm lang.

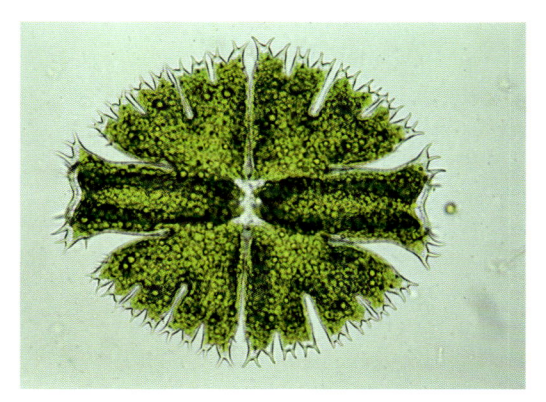

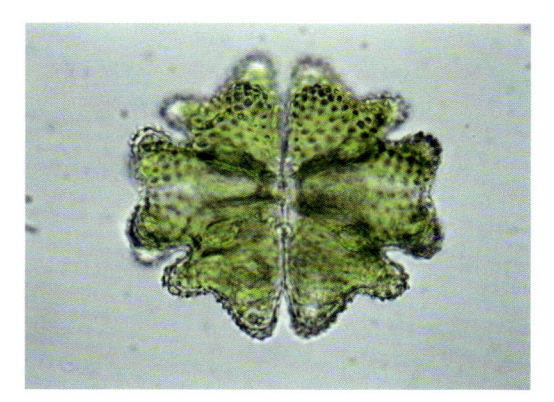

Abb. 36:
Micrasterias apiculata
(Zieralge). 170-300 µm lang.

Abb. 37:
Euastrum verrucosum
(Zieralge). 75-115 µm lang.

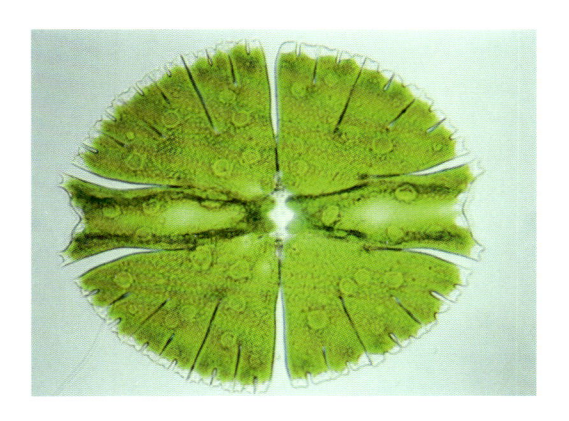

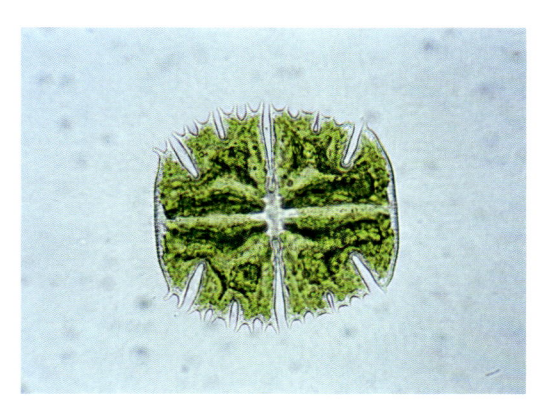

Abb. 38:
Micrasterias rotata
(Zieralge). 200-360 µm lang.

Abb. 39:
Micrasterias truncata
(Zieralge). 75-145 µm lang.

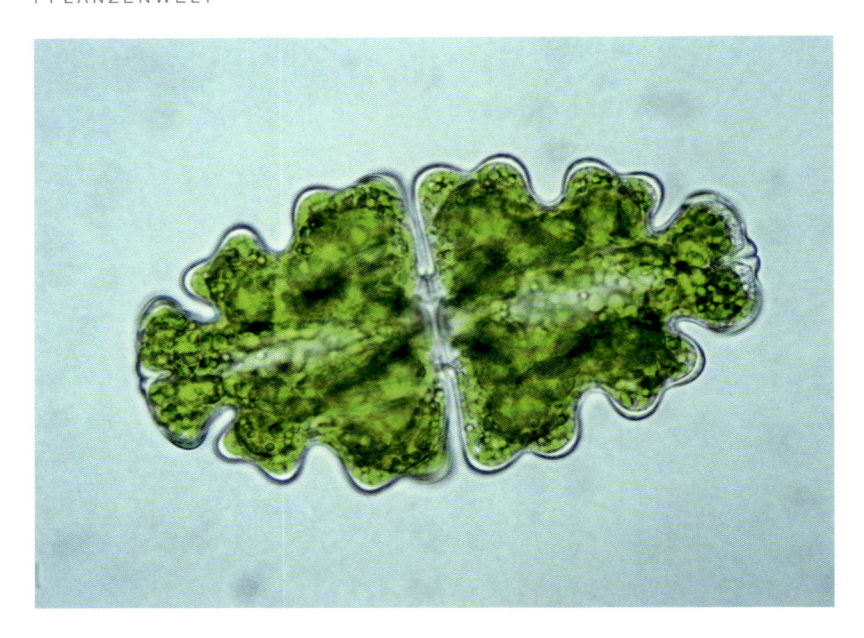

Abb. 40:
Euastrum oblongum
(Zieralge). 110-205 μm lang.

Tab. 9
Artenzahlen der Zieralgengattungen im Naturschutzgebiet
Heiliges Meer (nach BUDDE 1942):

Gattung	Artenzahl
Pennium	6
Closterium	29
Pleurotaenium	2
Tetmemorus	3
Euastrum	13
Micrasterias	6
Cosmarium	26
Xanthidium	2
Arthrodesmus	3
Straurastrum	21
Schizacanthum	1
Sphaerozoma	1
Spondylosium	2
Hyalotheca	1
Desmidium	2
Gymnozyga	1
Pleurotaeniopsis	1
Summe	120

6.2 Pilze

Die erste Untersuchung der Pilze des Naturschutzgebietes Heiliges Meer stammt von ENGEL (1940). Er nennt für das Gebiet 127 Arten, von denen nach heutigem Kenntnisstand 119 Arten noch gültig sind (A. RUNGE 1992). JAHN (1954, 1957) führt 81 zusätzliche Arten auf, RUNGE (1974) weitere 62. Besonders in den folgenden Jahren wurde das Naturschutzgebiet während der pilzkundlichen Kurse intensiv auf Pilze untersucht, so dass RUNGE (1992) nochmals 135 Pilzarten als neu für das Gebiet melden kann. Somit sind 397 Pilzarten aus dem Naturschutzgebiet bekannt, von denen 195 seit ihrem ersten Auftreten wiederholt in mehr oder weniger regelmäßigen Abständen beobachtet wurden, die übrigen Arten wurden nur ein oder wenige Male gefunden oder konnten seit über 10 Jahren nicht wiedergefunden werden.

Eine Zuordnung der Pilze nach ihrem Auftreten in bestimmten Pflanzenbeständen nehmen ENGEL (1940) und JAHN (1954) vor. JAHN (1954) nennt für den Kiefernwald und den Birkenwald Pilzgesellschaften (Tab. 10), in denen „wenigstens die auffälligen, regelmäßig auftretenden Arten größerer Frequenz enthalten sind".

Eine Arbeit über „Veränderungen der Pilzflora im Naturschutzgebiet Heiliges Meer (Westfalen) in den letzten 50 Jahren" publizierte RUNGE (1992). Die folgenden Angaben sind dieser Arbeit entnommen. Die Pilzarten werden darin nach ihrer ökologischen Rolle gruppiert in Mykorrhiza-Pilze,

Tab. 10
Pilzgesellschaften des Kiefern- und Birkenwaldes im Naturschutzgebiet Heiliges Meer. Angegeben sind Leitarten der Bodenpilze (nach ENGEL 1940 und JAHN 1954, Nomenklatur nach RUNGE 1981)

Pilzgesellschaft des Kiefernwaldes

Butter-Röhrling	*Suillus luteus*
Sand-Röhrling	*Suillus variegatus*
Kuh-Röhrling	*Suillus bovinus*
Maronen-Röhrling	*Xerocomus badius*
Frost-Schneckling	*Hygrophorus hypothejus*
Rotbrauner Milchling	*Lactarius rufus*
Orangeroter Graustieltäubling	*Russula decolorans*
Apfel-Täubling	*Russula paludosa*
Buckel-Täubling	*Russula coerulea*
Jodoform-Täubling	*Russula turci*
Zitronenblättriger Täubling	*Russula sardonia*
Schuppiger Ritterling	*Tricholoma imbricatum*
Schwarzfaseriger Ritterling	*Tricholoma portentosum*
Gefleckter Rübling	*Collybia maculata*
Dehnbarer Helmling	*Mycena epipterygia*
Gelbbräunlicher Wurzeltrüffel	*Rhizopogon luteolus*
Erdwarzenpilz	*Thelephora terrestris*

Pilzgesellschaft des Birkenwaldes

Birken-Röhrling	*Leccinium scabrum*
Birken-Reizker	*Lactarius torminosus*
Kleiner Duftmilchling	*Lactarius glyciosmus*
Olivbrauner Milchling	*Lactarius necator*
Graufleckender Milchling	*Lactarius vietus*
Nordischer Milchling	*Lactarius trivialis*
Flatter-Reizker	*Lactarius theiogalus*
Gelber Graustieltäubling	*Russula flava*
Ziegelroter Täubling	*Russula velenovskyi*
Grasgrüner Täubling	*Russula aeruginea*
Scharfer Wachs-Täubling	*Russula versicolor*
Gelbblättriger Ritterling	*Tricholoma flavobrunneum*
Alkalischer Rötling	*Entoloma nidorosum*
Fliegenpilz	*Amanita muscaria*
Geschmückter Gürtelfuß	*Cortinarius armillatus*

Abb. 41:
Parasolpilz,
Macrolepiota procera.

Streu-Saprophyten und Holz-Saprophyten und -Parasiten. Als Mykorrhiza wird die Wurzelsymbiose höherer Pflanzen mit Pilzen bezeichnet. Die Pilzhyphen umhüllen die Pflanzenwurzeln und dringen in die äußeren Zellschichten (ektotrophe M.) oder bis in die Wurzelzellen (endotrophe M.) ein. Ohne Pilzpartner wachsen z.B. viele Waldbäume nur kümmerlich. Während bei der Symbiose beide Partner Vorteile aus dem Zusammenleben haben, ist beim Parasitismus der Pilz für seinen Wirt schädlich. Von bereits abgestorbenen Pflanzenteilen, von toten Tieren und von Exkrementen leben die Saprophyten (Fäulnisbewohner). Eine eindeutige Zuordnung zu einer dieser ökologischen Grup-

PFLANZENWELT

Abb. 42:
Kragenerdstern,
Geastrum triplex.

Abb. 43:
Stinkmorchel,
Phallus impudicus.

Abb. 44:
Sumpfgraublatt,
Lyophyllum palustre.

Abb. 45:
Gemeiner
Trompetenschnitzling,
Tubaria furfuracea.

Abb. 46:
Fliegenpilz,
Amanita muscaria.

pen ist aber nicht für jede Pilzart möglich. Z.B. können Pilze, die lange Zeit vom toten Stammholz leben und damit Saprophyten sind, unter bestimmten Bedingungen auch das lebende Holz befallen und damit Parasiten werden. Systematisch gehören die bisher im Naturschutzgebiet untersuchten Pilze fast alle zu den Schlauchpilzen (Ascomycetes) und Ständerpilzen (Basidiomycetes), wenige auch zu den Schleimpilzen (Myxomycetes).

In den vergangen 50 Jahren wurden im Naturschutzgebiet 105 Mykorrhiza-Pilzarten gefunden. Die meisten hiervon bilden eine Symbiose mit Birke, Eiche, Erle oder Kiefer. 47 Arten werden auch heute noch regelmäßig registriert (eine Auswahl ist in Tab. 11 aufgeführt), die anderen wurden nur wenige Male gefunden, oder sie waren früher häufig, sind aber seit Jahren verschwunden.

Ein großer Teil dieser Mykorrhiza-Pilze ist auch in anderen Gebieten stark zurückgegangen, von den Mykorrhiza-Pilzen des Naturschutzgebietes werden insgesamt 31 Arten als bedrohte Arten in Westfalen eingestuft.

Insgesamt wurden im Naturschutzgebiet 92 Streu-Saprophyten registriert, 49 hiervon werden regelmäßig gefunden. Eine Auswahl gibt Tab. 12. Hier werden Arten genannt, die vorwiegend Bewohner der Kiefernnadelstreu bzw. alter Kiefernzapfen sind. Diesen sind vorwiegend Laubstreu bewohnende Arten gegenübergestellt, in einer dritten Gruppe sind Pilze vereinigt, die beide Substrate besiedeln können.

Zu der dritten ökologischen Gruppe gehören die Holz-Saprophyten und -Parasiten. Diese Gruppe ist im Gebiet die artenreichste. Hierzu zählen über

PFLANZENWELT

Tab. 11
Mykorrhiza-Pilze, die zahlreich erscheinen und in ihrer Kombination für das Naturschutzgebiet Heiliges Meer charakteristisch sind (Auswahl, nach RUNGE 1992, deutsche Namen nach RUNGE 1981, 1986, 1990).

Honiggelber Erlenschnitzling	*Alnicola melinoides*
Kahler Erlenschnitzling	*Alnicola scolecina*
Gelber Knollenblätterpilz	*Amanita citrina*
Brauner Scheidenstreifling	*Amanita fulva*
Blaublättriger Schleimfuß	*Cortinarius delibutus*
Dunkelscheibiger Fälbling	*Hebeloma mesophaeum*
Später Milchling	*Lactarius hepaticus*
Erlen-Milchling	*Lactarius obscuratus*
Blasser Zottenreizker	*Lactarius pubescens*
Eichen-Milchling	*Lactarius quietus*
Rotbrauner Milchling	*Lactarius rufus*
Flatter-Reizker	*Lactarius theiogalus*
Olivbrauner Milchling	*Lactarius necator*
Kahler Krempling	*Paxillus involutus*
Camembert-Täubling	*Russula amoenolens*
Birken-Speitäubling	*Russula emetica* var. *betularum*
Gemeiner Speitäubling	*Russula emetica* var. *silvestris*
Ocker-Täubling	*Russula ochroleuca*
Blaugrüner Reiftäubling	*Russula parazurea*
Kratzender Kammtäubling	*Russula pectinatoides*
Zitronenblättriger Täubling	*Russula sardonia*
Kartoffelbovist	*Scleroderma citrinum*

Tab. 12
Streu-Saprophyten, die regelmäßig im Naturschutzgebiet Heiliges Meer gefunden werden (Auswahl, nach RUNGE 1992, deutsche Namen nach RUNGE 1981, 1986).

vorwiegend Bewohner der Kiefernnadelstreu bzw. alter Kiefernzapfen

Wald-Egerling	*Agaricus silvaticus*
Ohrlöffel-Stacheling	*Auriscalpium vulgare*
Mehl-Trichterling	*Clitocybe ditopa*
Geriefter Trichterling	*Clitocybe vibecina*
Gefleckter Rübling	*Collybia maculata*
Safran-Schirmling	*Marcolepiota rachodes*
Roßhaarschwindling	*Marasmius androsaceus*
Dehnbarer Helmling	*Mycena epipterygia*
Erdwarzenpilz	*Thelephora terrestris*

vorwiegend Bewohner der Laubstreu

Beutel-Stäubling	*Calvatia excipulidormis*
Zweifarbiger Trichterling	*Clitocybe dicolor*
Knopfstieliger Rübling	*Collybia confluens*
Niedergedrückter Rötling	*Entoloma rhodopolium*
Röhrige Keule	*Macrotyphula fistulosa*
Zäher Faden-Helmling	*Mycena vitilis*

Bewohner der Laub- und Nadelstreu

Keulenfüßiger Trichterling	*Clitocybe calvipes*
Nebelgrauer Rötelritterling	*Lepista nebularis*
Grüner Anis-Trichterling	*Clitocybe odora*
Horngrauer Rübling	*Collybia butyracea* var. *asema*
Waldfreund-Rübling	*Collybia dryophila*
Brennender Rübling	*Collybia peronata*
Fuchsiger Rötelritterling	*Lepista flaccida*
Violetter Rötelritterling	*Lepista nuda*
Stinkender Stäubling	*Lycoperdon foetidum*
Flaschenstäubling	*Lycoperdon perlatum*
Weißmilchender Helmling	*Mycena galopus*
Prupurschneidiger Bluthelmling	*Mycena sanguinolenta*
Stinkmorchel	*Phallus impudicus*

Abb. 47:
Ockergelber Täubling, *Russula ochroleuca*.

Abb. 48: Schilf-Helmling, *Mycena belliae*.

Abb. 49: Birkenporling, *Piptoporus betulinus*.

Tab. 13
Holz-Saprophyten und -Parasiten, die regelmäßig im Naturschutzgebiet Heiliges Meer gefunden werden (Auswahl, nach RUNGE 1992, deutsche Namen nach RUNGE 1981, 1986).

an verschiedenen Holzarten		an Kiefern	
Angebrannter Rauchporling	*Bjerkandera audusta*	Klebriger Hörnling	*Calocera viscosa*
Glimmer-Tintling	*Coprinus micaceus*	Falscher Pfifferling	*Hygrophoropsis aurantiaca*
Eichen-Zwergkäueling	*Panellus stipticus*	Rauchblättriger Schwefelkopf	*Hypholoma capnoides*
Zottiger Schichtpilz	*Stereum hirsutum*	Zitterzahn	*Pseudohydnum gelatinosum*
Runzeliger Schichtpilz	*Stereum rugosum*	Bitterer Saftporling	*Tyromyces stipticus*
Geweihartige Holzkeule	*Xylaria hypoxylon*	Blutender Schichtpilt	*Stereum sanguinolentum*
an Birken		an Weiden	
Schiefer-Schillerporling	*Inonotus obliquus*	Feuerschwamm	*Phellinus igniarius*
Birkenporling	*Piptoporus betulinus*	Anis-Tramete	*Trametes suaveolens*
Zunderschwamm	*Fomes fomentarius*		
an Erlen			
Erlen-Schillerporling	*Inonotus radiatus*		

150 Pilzarten, von denen fast die Hälfte regelmäßig gefunden wird. Dieser hohe Anteil der Holz-Bewohner resultiert aus dem Fehlen jeglicher Holznutzung in den Wäldern des Naturschutzgebietes. Lediglich in den Heideflächen wurden Birken und Kiefern als pflegerische Maßnahme geschlagen. Überalterte, umgestürzte Bäume bleiben liegen und vergrößern das Substrat für Holz-Pilze im Laufe der Jahre erheblich.

6.3 Moose

Eine Bearbeitung der Moose des Naturschutzgebietes Heiliges Meer erfolgte bereits kurze Zeit nach der Unterschutzstellung des Gebietes durch KOPPE (1931). Einen Nachtrag zur Moosflora publizierte KOPPE (1955). Insgesamt konnte er 109 Moosarten feststellen, und zwar 42 Leber-, 16 Torf- und 52 Laubmoose. Weitere Angaben zur Moosflora des Gebietes machen KOPPE (1959) und JAHN & PATZLAFF (1967). Torfmosse werden auch in den meisten vegetationskundlichen Untersuchungen berücksichtigt, insbesondere in neueren Arbeiten (z.B. HALLEKAMP 1992 und WULFERT 1992). Als Beispiel werden in Tab. 14 die bisher gefundenen Torfmoos-Arten mit allgemeinen Angaben zu ihrer Ökologie aufgeführt.

Während eines mooskundlichen Kurses im April 1955 wurde die Moosvegetation der Mauer untersucht, die das Gelände der Biologischen Station von der Landstraße abgrenzt. Es wurden 18 Moosarten erfasst, von denen mehrere auf Kalkunterlage angewiesen sind und daher nicht im Naturschutzgebiet vorkommen können. Eine weitere Darstellung der Ergebnisse soll hier nicht erfolgen,

Abb. 50:
Stäublings-Schleimpilz, *Reticularia lycoperdon*.

Tab. 14
Torfmoose des Naturschutzgebietes Heiliges Meer (nach KOPPE 1931, 1955, 1956, HALLEKAMP 1992 und WULFERT 1992, Nomenklatur nach FRAHM & FREY 1992, ökologische Angaben nach DANIELS & EDDY 1985).

	KOPPE 1931	KOPPE 1955	HALLEKAMP 1992	WULFERT 1992
Besiedler eutropher Habitate				
Sphagnum fimbriatum				+
Sphagnum palustre	+		+	+
Sphagnum subnitens	+			
Sphagnum squarrosum	+			+
Besiedler mesotropher Habitate				
Sphagnum fallax	+		+	+
Sphagnum inundatum	+			
Sphagnum subsecundum	+			
Besiedler oligotropher Habitate				
Sphagnum imbricatum	+			
Sphagnum magellanicum		+	+	
Sphagnum papillosum	+			+
Sphagnum molle	+			
Sphagnum capillifolium	+			
Sphagnum rubellum		+		
Sphagnum cuspidatum	+			
Sphagnum tenellum	+		+	
Sphagnum compactum	+		+	
Sphagnum denticulatum	+		+	

PFLANZENWELT

Abb. 51:
Gemeines Frauenhaarmoos,
Polytrichum commune,
im Birkenbruchwald.

da die Mauer vollständig erneuert und die Moosvegetation dabei vernichtet wurde.

6.4 Flechten

Angaben zu einzelnen Flechtenarten des Naturschutzgebietes macht bereits Koppe (1931). Zusammenfassend werden die Flechten erstmals von Muhle (1967) für das Gebiet behandelt. Einen Nachtrag zur Flechtenflora mit Angaben weiterer Flechtenarten liefert Woelm (1985). Diese Arbeit bietet auch eine Liste aller 102 bisher im Gebiet beobachteten Flechtenarten sowie einen Vergleich der 1967 und Anfang der 80er Jahre noch vorhandenen bzw. neu hinzugekommen Flechtenarten.

In diesem Vergleich werden die Flechtenarten einerseits nach den Hauptgruppen Blattflechten, Strauchflechten und Krustenflechten gegliedert (Tab. 15), andererseits nach ihren Substraten Rinde, Holz, Gestein und Boden (Tab. 16).

Bemerkenswert ist die Zunahme der Krustenflechten um 20 %. Dies resultiert im wesentlichen aus dem Anstieg der Gesteinsflechten um 26 %. Hauptursache hierfür ist die Wiederbesiedlung der um 1960 erneuerten Mauer (mörtelgebundener Sandstein) an der Biologischen Station. Mit einer weiteren Zunahme dieser Flechtengruppe kann auch in Zukunft gerechnet werden. Die Strauchflechten lassen einen besonderen Rückgang bei den bodenbewohnenden Flechtenarten erkennen, insbesondere bei der Gattung *Cladonia* (Rentier- und Becherflechten), die auf den Sandböden in den Heideflächen und lichten Kiefern- und Birkenwäldern ihren natürlichen Verbreitungsschwerpunkt besitzt. Die Flechten der Gattung *Cladonia* sind nicht nur in ihrer Artenzahl, sondern auch in ihrem quantitativen Auftreten im Naturschutzgebiet bis Anfang der 90er Jahre stark zurückgegangen. Eine wichtige Ursache hierfür war der „saure Regen" durch hohe Anteile an Schwefeloxiden. Da die Belastung mit Schwefeloxid in der Atmosphäre aber stark zurück gegangen ist, konnten sich in den letzten Jahren die Erdflechten wieder erholen und sind an mehreren Stellen in der Heide und im Grünland wieder zahlreich zu finden.

Sehr auffallend ist der Rückgang der Blattflechten an Rinde und Holz um 7 Arten. Dies entspricht den allgemeinen Beobachtungen der letzen Jahre und betrifft mittlerweile auch relativ unempfindliche Arten. Der stetige Rückgang der Blatt- und Strauchflechten ist im wesentlichen auf die stei-

Tab. 15
Verteilung der Artenzahl auf die Hauptgruppen der Flechten (aus WOELM 1985).

	Blattflechten		Strauchflechten		Krustenflechten		Summe
	Anzahl	%	Anzahl	%	Anzahl	%	Anzahl
1967	17	23	35	48	21	29	73
1983	12	16	27	35	38	49	77
Zugang/Abgang seit 1967	-5	-7	-8	-13	+17	+20	
insgesamt nachgewiesen	19	18	39	39	44	43	102

Tab. 16
Verteilung der Artenzahl auf Substratgruppen (aus WOELM 1985)

	Rinde		Holz		Gestein		Boden	
	Anzahl	%	Anzahl	%	Anzahl	%	Anzahl	%
1967	25	34	14	19	6	8	31	42
1983	20	26	12	16	26	34	24	31
Zugang/Abgang seit 1967	-5	-8	-2	-3	+20	+26	-7	-11
insgesamt nachgewiesen	28	27	18	14	+26	25	38	37

gende Umweltbelastung durch Luftverunreinigung zurückzuführen. Dies gilt vermutlich auch für die bodenbewohnenden Strauchflechten (WOELM 1985). Als Ursache für die Armut an Flechtengesellschaften in den Wäldern um das Große Heilige Meer vermutet WULFERT (1992) ebenfalls Luftverschmutzungen. Viele Arten sind aber ebenso wie die Erdflechten wieder häufiger geworden, besonders die Arten, die von den hohen Gehalten an Stickstoffoxiden in der Luft profitieren (Eutrophierungszeiger).

Abb. 52:
Das Isländische Moos, *Cetraria islandica*, eine Flechte, die seit wenigen Jahren wieder im Naturschutzgebiet gefunden wird.

6.5 Gefäßpflanzen

Einen Überblick über die Flora des Naturschutzgebietes gibt bereits SCHWAR (1900). Eine umfangreichere Arbeit über die Pflanzengesellschaften legte GRAEBNER (1930) vor. Den größten Beitrag zur Erforschung der Flora und der Vegetation des Naturschutzgebietes Heiliges Meer leistete Dr. Fritz Runge, der auch zusammenfassende Darstellungen der Kenntnisse über die Gefäßpflanzen publizierte (RUNGE 1957, Nachträge hierzu RUNGE 1967, 1985). Die Brombeeren des Naturschutzgebietes und seiner Umgebung sind in einer Arbeit von WEBER (1976) ausführlich dargestellt. Diese Arbeit enthält auch eine Fundortkarte und einen Bestimmungsschlüssel für die Brombeerarten des Gebietes. Eine Zunahme der Artenzahl der Gefäßpflanzen des Naturschutzgebietes erfolgte durch die Gebietserweiterungen, durch die u.a. verschiedene Ausprägungen von Wiesen und Weiden sowie Ruderal- bzw. Sukzessionsflächen dem Naturschutzgebiet eingefügt wurden. Die Flora und Vegetation dieser Flächen ist bereits teilweise untersucht worden (HALLEKAMP 1992). Eine Liste aller bisher im Naturschutzgebiet festgestellten Gefäßpflanzenarten, die aus den oben genannten Arbeiten sowie Mitteilungen von H.O. Rehage zusammengestellt wurde, findet sich im Anhang. In dieser Liste sind über 350 Arten aufgeführt.

Aufgrund der langjährigen Dokumentation der Pflanzenbestände des Naturschutzgebietes sind auch Änderungen im Vorkommen einzelner Arten durch Erlöschen ihrer Bestände oder durch Neuansiedlung zu verfolgen. Den Schwankungen im Auftreten und in der Häufigkeit der Pflanzenarten verschiedener Pflanzengesellschaften hat F. Runge seine besondere Aufmerksamkeit gewidmet (Literatur vgl. RUNGE 1991). An drei Beispielen sollen die Ergebnisse dieser Arbeiten vorgestellt werden.

Über einen Zeitraum von 40 Jahren (1949-1989) wurde im Erlenbruchwald am Ostufer des Großen Heiligen Meeres in einem Dauerquadrat mit einer Fläche von 100 qm die Vegetation erfasst. Einen Vergleich der fünf Aufnahmen zeigt Tab. 17. Innerhalb der Untersuchungsfläche traten bei fast allen Pflanzenarten Häufigkeitsunterschiede auf oder sie waren nicht in jedem Untersuchungsjahr in der Fläche vorhanden. So war in den ersten Jahren

Abb. 53:
Die Wasser-Lobelie, Lobelia dortmanna, war früher im Naturschutzgebiet in den Tümpeln und am Heideweiher häufig, heute kommen nur noch wenige Exemplare dieser vom Aussterben bedrohten Pflanzenart im Gebiet vor.

Tab. 17
Vierzigjährige Dauerquadratbeobachtung im Walzenseggen-Erlenbruchwald (Carici elongatae-Alnetum glutinosae) am Ostufer des Großen Heiligen Meeres. Größe der Aufnahmefläche: 100qm (aus RUNGE 1991).

Aufnahme Nr.	1	2	3	4	5
Aufnahme -Jahr	1949	1956	1961	1980	1989
B a u m s c h i c h t					
Alnus glutinosa	4	4	4	4	5
Betula pubescens	1	1	2	2	.
S t r a u c h s c h i c h t					
Alnus glutinosa	1	1	+	+	2
Solanum dulcamara	+	r	1	+	.
Frangula alnus	+	1	1	2	1
Rubus fruticosus	2	+	+	1	1
Betula pubescens	+	+	1	.	+
Sorbus aucuparia	+	.	.	+	1
Quercus robur	.	+	r	.	.
Ribes nigrum	.	+	r	1	+
K r a u t s c h i c h t					
Carex elongata	2	4	3	2	2
Viola palustris	1	2	1	2	1
Iris pseudacorus	+	3	2	1	+
Peucedanum palustre	1	1	+	+	+
Dryopteris carthusiana	1	1	+	1	+
Carex canescens	1	r	+	1	+
Lysimachia vulgaris	1	1	1	1	1
Lycopus europaeus	2	1	+	+	r
Phragmites australis	1	1	1	1	+
Juncus effusus	1	1	.	+	+
Carex pseudocyperus	1	1	.	+	+
Scutellaria galericulata	+	.	+	+	r
Glyceria fluitans	.	1	2	2	2
Hydrocotyle vulgaris	1	2	.	.	.
Agrostis stolonifera	2	.	.	1	2
Galium palustre	1	.	+	.	.
Holcus lanatus	+	.	.	+	.
Quercus robur, Keimling	+	.	+	.	.
Rubus fruticosus, Keimling	.	.	+	.	.
B o d e n s c h i c h t					
Sphagnum spec.	+	+	.	+	+
andere Moose	1	1	1	3	2
Pilze	.	.	+	r	+

In der Tabelle bedeuten:
5: Deckungsgrad > 75%
4: Deckungsgrad 50%-75%
3: Deckungsgrad 25%-50%
2: Deckungsgrad 5%-25%
1: Deckungsgrad <5%
+: spärlich
r: Einzelexemplare

Außerdem in Aufn. 1: *Salix cinerea*+, *Potentilla palustris*+, *Cirsium palustre*+; in Aufn. 2: *Menyanthes trifoliata* 1; in Aufn. 3: *Alnus glutinosa* Keimling+; in Aufn. 4: *Sorbus aucuparia* Keimling+, *Deschampsia cespiosa*+; in Aufn. 5: *Calamagrostis canescens*+, *Alnus glutinosa* Keiml.+, *Molinia caerulea* r, *Sorbus aucuparia* Keimling+.

PFLANZENWELT

Tab. 18:
Dauerquadratbeobachtung eines Pflanzenbestandes, der sich von der Schnabelried-Gesellschaft zum Gagelgebüsch entwickelt (nach RUNGE 1967, 1974, 1981). Angegeben ist die Zahl der Pflanzen oder ihre Bedeckung in %.

Aufnahmejahr	57	58	59	60	61	62	63	64	65	66	67	68	69	70	71	72	73	74	75	76	77	78	79	80
Rhynchospora fusca	6	.	19	1	.	.	1	25	.	21	4	.	.	.	.	.	.	.	.	.	.	.	.	.
Rhynchospora alba	239	63	117	24	8	3	2	17	5	47	.	.	.	.	3	1	3	5	.	.	.	.	.	.
Rhynchospora (Bedeckung in %)	30	40	75	45	40	40	40	40	60	50	5	<1	.	<1	2	1	5	10	5	10	5	<1	<1	.
Betula (?)-Keimlinge	3	.	2	.	.	.	.	4	.	.	.	.	.	.	.	.	.	.	.	.	.	.	.	.
Zygogonium ericetorum (Bedeckung in %)	60	70	5	.	.	30	.	5	.	.	.	2	.	.	95	90	70	50	50	20	2	2	2	.
Sphagnum auriculatum	14	22	1	.	12	45	120	>100	>100	>100	>100	>100	>100	70	55	90	12	72	9	2	1	1	1	.
Drosera intermedia (Bedeckung in %)	7	10	5	1	1	2	1	8	10	15	.	.	<1	1	1	2	5	.	.	<1	.	.	.	.
Drosera intermedia	36	47	48	4	5	9	7	18	25	44	.	.	6	11	27	38	41	.	.	1	.	.	.	.
Erica tetralix	51	101	34	77	37	1	.	.	2	3	.	.	.	.	1	2	5	1	1	1	1	.	.	.
Molinia caerulea (Bedeckung in %)	10	15	3	15	4	5	10	20	20	20	.	5	.	1	15	20	20	25	30	40	50	50	50	80
Eriophorum angustifolium	2	1	.	.	.	.	.	.	.	.	.	.	.	.	.	.	.	.	.	.	.	1	.	.
Myrica gale (Bedeckung in %)	.	.	.	.	.	.	.	4	8	10	15	20	30	20	5	2	5	5	30	60	70	70	70	70
Myrica gale	.	.	.	.	.	.	.	.	.	.	1	1	2	2	2	2	2	2	2	3	3	3	5	5
Hydrocotyle vulgaris	.	.	.	.	.	.	.	.	.	.	.	.	.	2	17	9	4	1	.	.	.	.	.	.
Viola palustris	.	.	.	.	.	.	.	.	.	.	.	.	.	1	.	.	.	.	.	.	.	.	.	.
Comarum palustris	.	.	.	.	.	.	.	.	.	.	.	.	.	1	1	1	1	.	.	.	.	.	.	.
Juncus effusus	.	.	.	.	.	.	.	.	.	.	.	.	.	.	.	1	1	.	.	.	.	.	.	.
Carex cf. *serotina*	.	.	.	.	.	.	.	.	.	.	.	.	.	.	.	.	1	.	.	.	.	.	.	.

der Wassernabel (*Hydrocotyle vulgaris*) in der Untersuchungsfläche vorhanden, war aber bereits 1961 verschwunden. Der Flutende Schwaden (*Glyceria fluitans*) trat erstmals 1956 auf, war dann 1961 häufiger in der Probefläche vorhanden und blieb bis 1989 in dieser Häufigkeit vertreten. Es war kein eindeutiger Trend in der Verschiebung der Häufigkeiten festzustellen. Während der 40 Untersuchungsjahre änderte sich das Gesamtbild der Vegetation nicht.

Völlig anders entwickelte sich der Pflanzenbestand in einem Dauerquadrat, das in einem Bestand der Schnabelried-Gesellschaft in der Nähe des Erdfallsees im Jahr 1957 angelegt wurde (RUNGE 1967, 1974, 1981) (Tab. 18). „In unserer Tabelle stellt die Aufnahme von 1973 noch eine recht typisch ausgebildete Schnabelried-Gesellschaft dar. Danach vermehrten sich der Gagel und das Pfeifengras (*Molinia caerulea*) im Dauerquadrat, während die Arten des Rhynchosporetum (*Rhynchospora alba*, *Drosera intermedia*, *Zygogonium ericetorum*, *Sphagnum auriculatum*) zurückgingen und schließlich ganz ausblieben. Sie wurden wie *Erica tetralix* vom Schatten der Gagelbüsche erdrückt und vom Pfeifengras, das jetzt Bulten bildete, verdrängt. 1980 hatte sich das Rhynchosporetum des Dauerquadrats in ein typisches *Molinia*-Stadium des Ericetum mit vielen *Myrica*-Sträuchern verwandelt, wie es in der Nachbarschaft viele hundert Quadratmeter einnimmt." (RUNGE 1981)

Tab. 19
Vegetationsentwicklung in einer aufgelassenen feuchten Fettweide von 1963 bis 1973 (RUNGE 1975b).

	Bedeckung in %										
	63	64	65	66	67	68	69	70	71	72	73
Cynosurus cristatus	2	.	.	.	.	.	.	.	.	.	.
Lychnis flos-cuculi	2	.	.	.	.	.	.	.	.	.	.
Bromus hordeaceus	2	1	.	.	.	.	.	.	.	.	.
Brachythecium rutabulum	20	10	.	.	.	.	.	.	.	.	.
Trifolium repens	20	1	1	.	.	.	.	.	.	.	.
Carex leporina	2	1	1	.	.	.	.	.	.	.	.
Cerastium fontanum	1	1	1	1	.	.	.	.	.	.	.
Holcus lanatus	30	30	30	5	3	.	.	.	.	.	.
Cardamine pratensis	5	2	2	2	1	.	.	.	.	.	.
Luzula campestris	5	.	1	.	1	.	.	.	.	.	.
Carex nigra	1	1	1	2	1	.	.	.	.	.	.
Galium uliginosum	2	3	3	3	1	1	1	.	.	.	.
Plantago lanceolata	5	5	5	5	2	1	1	.	.	.	.
Rhytidiadelphus squarrosus	60	5	1	1	1	.	1	.	.	.	.
Anthoxanthum odoratum	20	1	5	2	5	3	1	.	.	.	.
Agrostis tenuis	5	.	5	.	2	.	5	1	.	.	.
Ranunculus acris	2	2	2	3	5	2	1	1	.	.	.
Lotus uliginosus	1	1	1	5	30	30	1	1	.	.	.
Festuca pratensis	10	1	5	.	1	1	1	.	1	.	.
Poa pratensis	2	.	1	.	1	1	1	.	1	.	.
Ranunculus repens	30	30	30	40	20	2	3	15	25	20	5
Rumex acetosa	10	40	30	30	20	30	10	20	10	5	2
Deschampsia cespitosa	5	3	5	5	15	40	90	80	80	90	95
Festuca rubra	.	2	10	5	2	2	.	.	.	.	.
Equisetum palustre	.	.	.	1	1	1	.	.	1	1	1
Alnus glutinosa	.	.	.	.	.	.	15	45	70	80	100
Juncus acutiflorus	.	.	.	.	.	.	.	.	.	1	1
Galium aparine	.	.	.	.	.	.	.	.	.	1	3

Am auffälligsten und in kürzester Zeit kann sich die Vegetation landwirtschaftlicher Nutzflächen ändern, wenn sie der natürlichen Sukzession überlassen werden. Eine Wiese am Ostrand des Erlenbruchs am Großen Heiligen Meer wird seit 1963 nicht mehr gemäht und beweidet. In den folgenden 10 Jahren wurde die Entwicklung der Vegetation in einem Dauerquadrat untersucht (RUNGE 1969c, 1975b). Bereits in den ersten Jahren verschwanden die charakteristischen Arten der Weidelgras-Weißklee-Gesellschaft, die durch höher wüchsige Arten ersetzt wurden, insbesondere der Große Sauerampfer dominierte in dem Bestand (Tab. 19). Nach sechs Jahren siedelte sich die

PFLANZENWELT

Abb. 54:
Der Siebenstern,
Trientalis europaea,
ist vor wenigen Jahren
erstmals im Naturschutzgebiet gefunden worden und
breitet seinen Bestand in
einem Kiefernwald aus.

Schwarzerle an, die durch ihren Schatten die lichtliebenden Arten zum Verschwinden brachte. Die Krautschicht wird nach 10 Jahren von der Rasen-Schmiele (*Deschampsia cespitosa*) geprägt, die stärkeren Schatten verträgt, ausgesprochene Waldarten fehlen in der Krautschicht aber noch.

In den letzten Jahren ist ein starker Rückgang mehrerer Wasser- und Sumpfpflanzen festgestellt worden (Rehage mdl.). Die Schneide (*Cladium mariscus*) ist völlig verschwunden, vom Fieberklee (*Menyanthes trifoliata*) sind von den großen Beständen nur noch wenige Pflanzen übriggeblieben. Stark dezimiert sind auch die Vorkommen von Strauß-Gilbweiderich (*Lysimachia thyrsiflora*) und von der Gemeinen Teichsimse (*Schoenoplectus lacustris*). Als Verursacher wird in allen Fällen der Bisam angenommen, der diese Pflanzenarten bevorzugt frisst. Er hat auch größere Lücken in die Röhrichte von Schilf und Rohrkolben gefressen. Ob der dramatische Rückgang der Tausendblatt-Arten (*Myriophyllum* spec.) ebenfalls auf den Fraß des Bisam zurückzuführen ist, oder möglicherweise eine Folge zeitweiligen Eindringens von Pestiziden (z.B. Atrazin) ist, ist nicht sicher. In den letzten Jahren haben sich die Bestände von Tausenblatt aber wieder sehr gut erholt, dafür ist das Vorkommen des Wasserknöterich auf wenige Pflanzenindividuen zurück gegangen.

Eine quantitative Analyse dieser Änderungen durch Auswertung von Luftbildern und Vegetationsaufnahmen durch SASKIA HELM (2008) zeigte eine starke Veränderung verschiedener Vegetationsbestände. So ging die Fläche, die vom Schilfröhricht eingenommen wird, von 4,94 ha im Jahre 1969 auf 2,40 ha im Jahre 2005 zurück, dagegen nahm die Fläche der Schwimmblattzone von 107 m² in 1969 auf 5352 m² in 2005 zu. Gleichzeitig drangen Bäume und Sträucher (Erle, Ohrweide, Grauweide, Faulbaum) in das Schilfröhricht vor. Kamen im Jahr 1969 ca. 3 Gehölze pro ha Schilffläche vor, waren es im Jahr 2005 mindestens 74 Gehölze pro ha Schilffläche.

Zu den besonderen Pflanzenarten des Naturschutzgebietes Heiliges Meer gehören die an nährstoffarme Lebensräume angepassten Arten. Wegen der durch den Menschen beschleunigten Eutrophierung ihrer Lebensräume gehören diese Pflanzen zu den stark gefährdeten Arten. Im Gebiet kommt noch eine Anzahl dieser Gruppe vor. Die Vergesellschaftung dieser Pflanzenarten im Naturschutzgebiet, ihre ökologischen Ansprüche und ihre Gefährdung ist in verschiedenen Arbeiten behandelt worden (u.a. POTT 1982, KAUSCH & BRÜCK 1985, BORCHERT & WITTIG 1990, RUNGE 1991, KAPLAN 1993).

Von großem Einfluss ist auch die Versauerung der zunächst nährstoffarmen Gewässer als Folge der Zunahme von Huminsäuren im Wasser. Dieser Einfluss ist besonders bei kleineren Gewässern im NSG zu beobachten, deren Huminsäuren aus angrenzenden Heide- oder Waldböden stammen. Am besten dokumentiert ist die Entwicklung des Heideweihers im NSG Heiliges Meer (TERLUTTER 2005). Bereits von Ende der zwanziger Jahre liegen vegetationskundliche Beschreibungen dieses Gewässers vor (GRAEBNER 1930), 1940 liefert BUDDE erste gewässerchemische Daten (BUDDE 1942). Wegen seiner besonderen botanischen Bedeutung ist der Heideweiher von mehreren weiteren Autoren ausführlich beschrieben worden (GRIEBEL 2000, HALLEKAMP 1992, HASSE 1994, HOFMANN 2001, KAPLAN 1993, 1999, KOHN 1992, POTT 1983, POTT et al. 1996, RUNGE 1991).

Ursprünglich war der Heideweiher aufgrund seiner Lage in pleistozänen Sanden ein oligotrophes Flachgewässer. Individuenreiche Vorkommen von Arten oligotraphenter Strandlingsgesellschaften wie *Baldellia ranunculoides*, *Deschampsia setacea*, *Littorella uniflora*, *Lobelia dortmanna*, *Pilularia globulifera* und *Sparganium minimum* kennzeichneten seine Vegetation bis in die 40er Jahre. „Im ‚trockenen' Sommer 1949 prangte die Lobelie an allen Ufern des Heideweihers in riesiger Menge. Ja, über dem Weiher lag ein hellblauer Schimmer, hervorgerufen von Tausenden von Lobelienblüten. 1950 aber war die Wasserspleiße schlagartig verschwunden..." (RUNGE 1974). In 1954 wurden noch drei fruktifizierende Exemplare gefunden, seitdem konnte sie am Heideweiher nicht mehr nachgewiesen werden. Auch in der Samenbank des Sedimentes konnten keine keimfähigen Samen der Lobelie festgestellt werden (KAPLAN 1999).

Tab. 20
Arten aus der Klasse Littorelletea als Beispiele für Pflanzen oligotopher Gewässer im Naturschutzgebiet Heiliges Meer (vgl. KAPLAN 1993). Gefährdungseinstufung nach Rote Liste NRW (LÖLF 1986). 1= vom Aussterben bedroht, 2= stark gefährdet)

		Rote Liste NRW
Pillenfarn	*Pilularia globulifera*	2
Sumpf-Hartheu	*Hypericum elodes*	1
Strandling	*Littorella uniflora*	2
Wasser-Lobelie	*Lobelia dortmanna*	1
Froschkraut	*Luronium natans*	2
Igelschlauch	*Baldellia ranunculoides*	1
Zwiebel-Binse	*Juncus bulbosus*	.
Vielstengelige Simse	*Eleocharis multicaulis*	2
Flutende Tauchsimse	*Isolepis fluitans*	2
Borst-Schmiele	*Deschampsia setacea*	1
Kleiner Igelkolben	*Sparganium minimum*	2
Schmalblättriger Igelkolben	*Sparganium angustifolium*	1

Abb. 55:
Zu den Charakterarten der Schnabelried-Gesellschaft gehören das Weiße Schnabelried (*Rhynchospora alba*) und der Mittlere Sonnentau (*Drosera intermedia*).

Aber schon in den 20er Jahren waren deutliche Tendenzen einer Dystrophierung zu erkennen. GRAEBNER (1930) schreibt: „Alle ... Pflanzengemeinschaften werden umschlossen von einem den ganzen See umgebenden und sehr gleichmäßig ausgebildeten etwa 5 – 10 Meter breiten Gürtel, in dem Torfmoose und *Myrica gale* die tonangebenden Arten sind." Der Eintrag von Emissionen aus der Landwirtschaft hat zunächst eine Zunahme von Eutrophierungszeigern bewirkt. Saure Immissionen und eine Veränderung der hydrologischen Situation durch Schließung von Gräben haben zu einer stärkeren Versauerung des Heideweihers geführt, in deren Folge die meisten Eutrophierungszeiger wieder verschwunden sind. Heute ist die ursprüngliche Heterogenität der Ufervegetation einer weitgehend einheitlichen dys-mesotrophen Vegetationszonierung, bestehend aus Nymphaeetum albo-minoris, Sphagnetum cuspidato-denticulati, Eleocharitetum multicaulis und Myricetum gale, gewichen (GRIEBEL 2000). Diese großflächig vorhandenen Gesellschaften sind gerade in ihrer artenarmen Ausbildung ebenso wie die Torfschlammbildung und das Vorkommen mesotraphenter Arten charakteristisch für versauerte und eutrophierte Heideweiher (KAPLAN 1999).

Erste hydrochemische Daten liegen für den Heideweiher aus dem Jahre 1940 vor (BUDDE 1942). Im Oberflächenwasser hat er geringe Konzentrationen von Nitrat (0,23 bzw. 0,41 mg/l), Phosphat (0,005 mg/l) und Eisen (0,13 -1,39 mg/l) gemessen. Der pH-Wert lag je nach einflussnehmender Vegetation zwischen 4,5 - 4,7 in der Sphagnum-Zone und 5,0 - 5,3 im Freiwasser. Der Kaliumpermanganat-Verbrauch lag bei 23,7 bzw. 20,5 mg/l. Auf der Grundlage von Untersuchungen der benthalen Algenflora zusammen mit seinen hydrochemischen Ergebnissen klassifiziert BUDDE (1942) den Heideweiher als „azidotrophen Weihertypus".

In den Jahren 1993/94 führte HASSE eine detaillierte Untersuchung der Hydrochemie des Heideweiher durch und dokumentierte eine Nährstoffanreicherung insbesondere im Hinblick auf Stickstoffverbindungen und Phosphat, die neben natürlichen (u.a. Huminstoffe) auf anthropogene Emissionen und Sickerwassereinflüsse aus landwirtschaftlichen Flächen über ehemalige Drainagegräben zurückgeführt werden (HASSE 1994). Der hohe Kaliumpermanganat-Verbrauch von durchschnittlich 101,5 mg/l gegenüber den relativ niedrigen Werten im Jahre 1940 weist auf die Entwicklung von einem humusarmen zu einem humusreichen Gewässer hin.

Weitere Messungen in den Jahren 1999/2000 zeigen eine leichte Zunahme des Gesamt-Stickstoffs gegenüber 1993/94 um ca. 0,33 mg/l. Dagegen war die Sulfatkonzentration um das Zehnfache erhöht, die Chloridgehalte waren zurückgegangen, andere Parameter zeigten im Vergleich nur geringe Unterschiede (GRIEBEL 2000).

Abb. 56:
Gagelstrauch (*Myrica gale*, männliche Pflanze) am Großen Heiligen Meer.

7. Tierwelt

Die Tierwelt des Naturschutzgebietes ist weniger gut untersucht als die Pflanzenwelt. Erste Zusammenstellungen wurden bereits von KEMPER (1930) und BEYER (1934) vorgelegt, sie behandeln aber nur einen kleinen Teil der Tierarten. Seitdem sind vor allem in Examens- und Diplomarbeiten, aber auch durch Amateurbiologen und durch Teilnehmer von Kursen am Heiligen Meer einzelne Tiergruppen intensiver untersucht worden. Einige Gruppen sind besonders gut erfasst, über andere, im Gebiet z.T. mit großer Artenzahl vorkommende Tiergruppen, liegen noch keine Informationen vor. Viele Arbeiten liegen über Wassertiere vor, speziell über Planktonarten und über die Mikrofauna des Litorals (u.a. KRIEGSMANN 1938, RÜSCHE 1939, EHLERS 1965, MÜCKE 1978). Außerdem liegen umfangreiche Arbeiten vor über die Säugetierfauna (SCHRÖPFER 1966) und die Vogelwelt (KNOBLAUCH 1980). Für die Turbellarien, Nematoden und Annelieden sind einzelne Untersuchungen durchgeführt worden (REISINGER 1938, MÜLLER 1971, TRAUNSPURGER & WEISCHER 1993, SIEVERT 1993, HEELE-BÖKENKÖTTER 2007). Aus der großen Gruppe der Arthopoden sind die Wasserflöhe (Cladocera), die Spinnen sowie mehrere Ordnungen der Insekten bearbeitet worden. Über einige große Ordnungen der Insekten, die Schmetterlinge (Lepidoptera), die Hautflügler (Hymenoptera) und die Zweiflügler (Diptera) ist jedoch erst wenig bekannt.

Diese ungleiche Behandlung der verschiedenen Tiergruppen hat seinen wichtigsten Grund in der besonderen Beachtung der Wasserlebensräume und ihrer Tierarten. Die Tierarten terrestrischer Lebensräume sind erst in den letzten Jahren vermehrt Gegenstand von wissenschaftlichen Untersuchungen gewesen. Dennoch ist z.B. die Bodenfauna des Naturschutzgebietes fast völlig unbekannt. Gleiches gilt für viele Arten der pflanzenfressenden Insekten, z.B. Zikaden, Wanzen, Schmetterlinge und Hautflügler. Sammlungsmaterial liegt aber für manche Arten und Gruppen vor und einige sind aktuell in Berarbeitung, die Ergebnisse sind jedoch noch nicht publiziert. Für Tiergruppen, die im Rahmen von Landesfaunen bearbeitet wurden (Coleoptera Westfalica, Lepidoptera Westfalica, u.a.), sind diese Belege ausgewertet und in den entsprechenden Arbeiten veröffentlicht worden.

Abb. 57: Stabwanze (*Ranatra linearis*).

Diese Zusammenstellung soll eine erste Vorstellung vom Artenreichtum der Tiere im Naturschutzgebiet Heiliges Meer vermitteln und Kursteilnehmern eine Orientierung bei der Beobachtung der Tierwelt dieses Gebietes geben, gleichzeitig aber auch auf die Lücken unserer Kenntnisse hinweisen, um zu einer weiteren Erforschung dieses Naturschutzgebietes anzuregen.

7.1 Einzellige Tiere

In der aktuellen Systematik der Eukaryota ist die ursprüngliche Einteilung in einzellige Tiere und einzellige Pflanzen nicht mehr zutreffend. In diesem Kapitel sollen aber im traditionellen Sinn die nicht Photosynthese betreibenden Einzeller behandelt werden. Von den einzelligen Tieren sind die Gruppen der Geißeltiere (Flagellata), der Amöben (Amoebozoa) und der Wimpertiere (Ciliophora) im Naturschutzgebiet untersucht worden. Weitere Gruppen der Einzeller, z.B. die parasitischen Sporentiere, kommen bei ihren jeweiligen Wirten aber sicherlich auch vor. Die einzelligen Tiere werden in mehreren Arbeiten über das Plankton der Gewässer das Naturschutzgebietes behandelt (KEMPER 1930, KRIEGSMANN 1938, EHLERS 1965 1965 u.a.). Eine sehr ausführliche Bearbeitung der Wimpertiere der Gewässer legte MÜCKE (1978) vor, die auch Artenlisten weiterer Plankton- und Aufwuchsarten liefert. Über terrestrische Protozoen, die besonders in feuchten Böden vorkommen, liegen für das Gebiet keine Informationen vor.

Einzelne Vertreter aus der Gruppe der Arten mit amöben-artiger Fortbewegung werden in den Arbeiten über Mikroorganismen der Gewässer aufgeführt, eine intensive Bearbeitung liegt aber nicht vor. Es treten Arten aus den Ordnungen Amöben (Gymnamoeba), Beschalte Amöben (Testacealobosea) und Sonnentiere (Heliozoa) auf. KEMPER (1930) führt insgesamt 4 Arten auf, MÜCKE (1978) 7 Arten. JUNK (1934) konnte die Schalenamöbe *Bullina indica* im Schutzgebiet nachweisen, von der zur Zeit der Veröffentlichung erst wenige Fundorte bekannt waren. Somit ist erst ein geringer Teil der Wurzelfüßer des Gebietes bekannt, besonders bei den Beschalten Amöben kann mit mehreren Dutzend Arten gerechnet werden.

Die am besten untersuchte Gruppe der einzelligen Tiere sind die Wimpertiere (Ciliophora). Durch die Arbeit von MÜCKE (1978) sind aus dem Naturschutzgebiet Heiliges Meer über 260 Wimpertierarten bekannt geworden. Im Rahmen einer Dissertation wurden von ihr die „Aufwuchsciliaten" der verschiedenen Gewässer (Seen und Kolke) und der unterschiedlichsten Kleinstlebensräume in den einzelnen Gewässern erfasst. Hierbei wurden neben einer direkten Untersuchung des Aufwuchses (z.B. von Wasserpflanzen, Moosen, Algen) auch künstliche Besiedlungssubstrate in Form von Mikroskopier-Objektträgern in die Gewässer ausgebracht und die Besiedlung durch Wimpertiere in den folgenden Tagen (bis zu 40 Tage) verfolgt (Abb. 58). Im Großen Heiligen Meer konnten auf diese Weise 125, im Erdfallsee 94 und im Heideweiher 88 Wimpertierarten ermittelt werden. Die Untersuchung der kleineren Kolke ergab ebenfalls hohe Artenzahlen zwischen 66 und 99 Wimpertierarten. Deutliche Unterschiede bestehen in der Besiedlung der verschiedenen Pflanzensubstrate, die im Großen Heiligen Meer verglichen wurden. Auf Stengeln von Rohrkolben wur-

TIERWELT

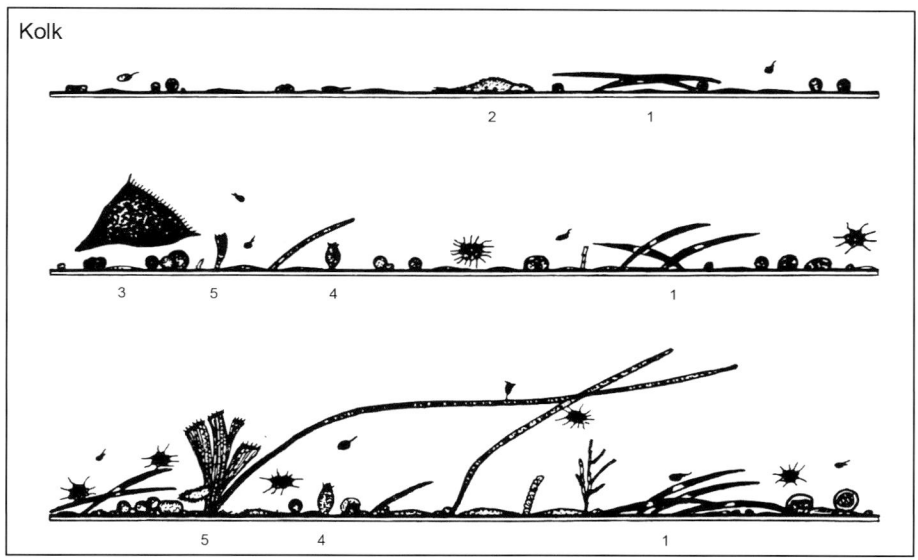

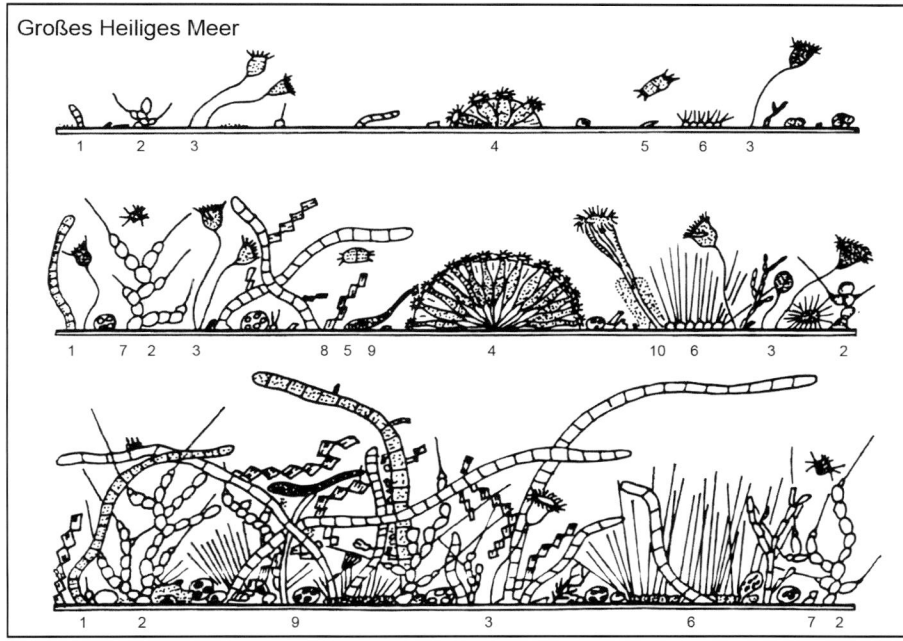

Abb. 58:
Sukzession des Aufwuchses auf Objektträgern. Exponierdauer: oben 8 Tage, Mitte: 15 Tage, unten 40 Tage (aus Mücker 1978). A: Kolk, Sukzession in den Sommermonaten. Aufwuchstyp: Cystenaufwuchs mit Closterium Anlagerungen (1). Größere heterotrophe Besiedler: Stentor niger (3), Paruroleptus cuadatus (2) und Scyphidia (4), festsitzende Flagellatenkolonie: Rhipidodendron (5). B: Großes Heiliges Meer, Sukzession in den Sommermonaten. Aufwuchstyp: vorwiegend fädige und thallöse Grünalgen sind strukturbestimmend. Heterotrophe Organismen sind auf jüngeren Objektträgern häufiger, die Ophridium-Kolonie (6) löst sich aufgrund ihrer Größe in einem späteren Stadium ab. Oedogonium (1), Bulbochaete (2), Vorticella (3), Ophridium versatile (4), Coleps hirtus (5), Coleochaete (6), Halteria grandinella (7), Tabellaria (8), Lacrymaria olor (9), Stentor polymorphus (10).

Tab. 21
Wimpertiergemeinschaften (dominante Arten) der Gewässer des Naturschutzgebietes Heiliges Meer. GHM: Großes Heiliges Meer, EFS: Erdfallsee, HW: Heideweiher, K I, K II, K III, drei verschiedene Kolke. (aus MÜCKE 1978)

Arten	GHM	EFS	HW	K I	K II	K III
Coleps hirtus	+					
Cinetochilum margaritaceum	+	+				
Ophridium versatile	+					
Vorticella campanula	+	+				
Tachysoma pellionella	+	+				
Vorticella convallaria	+					
Halteria grandinella	+				+	+
Dysteria spec.	+					
Cyclidium lanuginosum	+					
Plagiocampa rouxi		+				
Stentor niger			+	+		
Pauroleptus caudatus			+	+	+	+
Trochilia minuta			+	+		+
Holophrya simplex			+	+	+	+
Cyclidium muscicola			+	+	+	+
Aspicisca sulcata				+	+	+
Platyophrya spumacola			+	+	+	
Coleps octospinus					+	
Paramecium bursaria					+	
Urotricha farcta			+	+	+	
Holophrya nigricans				+		
Chilodonella spec.				+		+
Prorodon teres				+		
Microthorax spec.						+
Steinia platystoma						+

den 31 Arten und auf frischen Seerosenblättern 38 Wimpertierarten festgestellt. In feuchten Torfmoospolstern traten in den verschiedenen Kolken bis zu 16 Wimpertierarten auf.

Zur Verdeutlichung der Vergesellschaftung der häufigsten Wimpertierarten in den verschiedenen Gewässern sind in Tab. 21 die dominanten Arten (Dominanz über 5 %) zusammengestellt. Die Tabelle zeigt, dass zwei stark unterschiedene Wimpertiergemeinschaften in den beiden Ökosystemtypen See und Kolk bestehen. Die Gemeinschaft des Heideweihers gleicht weitgehend derjenigen der Kolke. Zwischen den beiden Seen Großes Heiliges Meer und Erdfallsee bestehende Unterschiede hängen vor allem mit dem unterschiedlichen Nährstoffgehalt zusammen.

Mehrere Arten der Tab. 21 konnten in allen Gewässern nachgewiesen werden, gehörten aber nur in einem oder wenigen Fällen zu den dominanten Arten. Differentialarten, also Arten, die nur in den Seen oder nur in den Kolken vorkommen, sind: nur im Heideweiher, nicht aber in den Kolken *Stentor polymorphus*, *Hemiophrys pleurostigma* und *Spirostomum minus*. Diese Arten sind aber auch im Heideweiher selten. Nur in allen Kolken, nicht aber im Heideweiher vorkommende Arten gibt es nicht.

7.2 Strudelwürmer

Zur Klasse der Strudelwürmer (Turbellaria) innerhalb des Stammes der Plathelminthes gehören über 100 heimische Arten. Die Plattwürmer und Strudelwürmer des NSG Heiliges Meer sind nur aus den Arbeiten von REISINGER (1938) und MÜCKE (1978) bekannt. Die Funde Reisingers wurden während eines Studentenkurses der Universität Köln Ende Juni 1938 in der Biologischen Station Heiliges Meer gemacht.

Als faunistische Besonderheit nennt REISINGER (1938) *Dalyellia infundibuliformis*, die vorher nur aus den Alpen, Schweden und Grönland bekannt war. Die Arten *Catenula lemnae*, *Castrada sphag-*

netorum und *Rhynchomesostoma rostratum* sind Charakterarten saurer Moorgewässer, die übrigen „mehr oder weniger Ubiquisten und ohne ökologisches Interesse" (Reisinger 1938).

7.3 Nematoda

Die freilebenden Fadenwürmer (Nematoda) haben in aquatischen und in terrestrischen Lebensräumen aufgrund ihrer hohen Populationsdichte eine große Bedeutung. So wurden in Waldböden bis zu 30 Mio. Individuen pro m² ermittelt (Peterson 1982), in der Uferzone von Gewässern bis zu 1 Mio. Individuen pro m² gezählt (Traunspurger 1991). Die landbewohnenden Fadenwürmer wurden im Naturschutzgebiet noch nicht untersucht, erste Untersuchungen zur Besiedlung durch Süsswassernematoden wurden von Traunspurger & Weischer (1993) sowie von Sievert (1993) und Heele-Bökenkötter (2007) durchgeführt. Die Anzahl der Proben in den einzelnen Gewässern ist ähnlich (Traunspurger & Weischer je 10 Proben im Großen Heiligen Meer, im Erdfallsee und Heideweiher, Sievert 12 Proben im Großen Heiligen Meer, 17 Proben im Erdfallsee und 4 Proben im Heideweiher), das Ergebnis hinsichtlich der gefundenen Arten und der Artenzahl in den einzelnen Gewässern dagegen sehr verschieden (Tab. 22). Während Traunspurger & Weischer (1993) insgesamt 32 Nematodenarten fanden, gibt Sievert (1993) 59 Arten für das Naturschutzgebiet an. Diese großen Unterschiede deuten darauf hin, dass eine bzw. zwei Probenahmen zur Erfassung des Artenspektrums bei weitem nicht ausreichen. Zudem müssen jahreszeitliche und kleinräumige Unterschiede in der Besiedlung berücksichtigt werden. In einer Probe vom 22.3.1993 aus dem südwestlichen Randbereich des Großen Heiligen Meeres konnte Sievert (1993) 5 Nematodenarten in 5 oder 6 Individuen nachweisen. In 4 Proben vom 6.6.1993 aus dem gleichen Bereich fand sie 23 Nematodenarten in 142 Individuen.

Eine Berechnung der Dichte (Abundanz) der Nematoden führen (Traunspurger & Weischer (1993) durch. Im Großen Heiligen Meer fanden sie im Durchschnitt 58.000 Individuen/m², im Erdfallsee 42.000 Individuen/m². Im Vergleich mit anderen aquatischen Ökosystemen stufen sie diese Dichte als gering ein.

Um einen Einblick in das Nahrungsangebot und die Nahrungsgewohnheiten der im Naturschutzgebiet vorkommenden Süßwasserfadenwürmer zu geben, ordnet Sievert (1993) die gefundenen Fadenwürmer in Ernährungstypen ein: phytoparasitär: leben als Endo- oder Ektroparasiten in oder an höheren Pflanzen und besitzen einen Stachel; mycophag: pilzfressend und an Myzelien saugend; phycophag: Ernährung von Algen und Cyanobakterien, als Juvenile häufig Bakterien und Algen, als Adulte räuberisch; zoophag: räuberisch von anderen Nematoden, Tardigraden, Rotatorien u.a. Eine faunistische Besonderheit gelang Sievert (1993) in ihrer Untersuchung. Am Rande des Gagelgebüschs

Tab. 22
Artenzahl der Nematoden im Großen Heiligen Meer, Erdfallsee und Heideweiher.

	TRANSBURGER & WEISCHER (1993)	SIEVERT (1993)	Anzahl gemeinsamr Arten
Großes Heiliges Meer	22	28	6
Erdfallsee	21	41	12
Heideweiher	3	21	2

TIERWELT

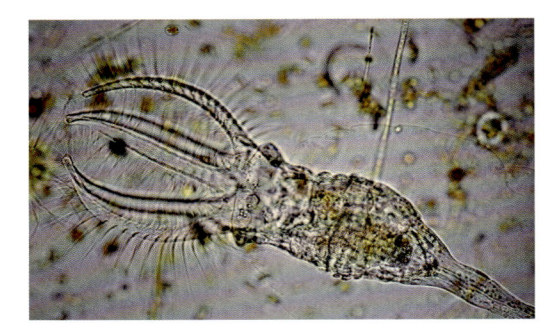

Abb. 60:
Rädertier *Stephanoceros fimbriatus* im Litoral des Großen Heiligen Meeres.

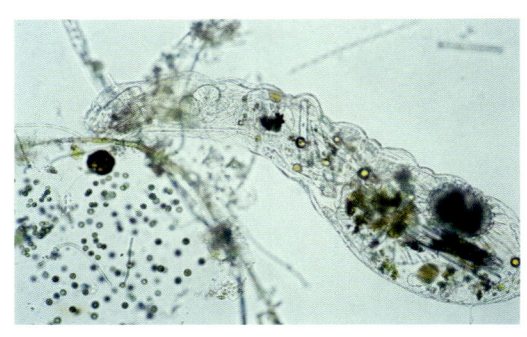

Abb. 61:
Tetrasiphon hydrocora, ein Rädertier aus dem Heideweiher.

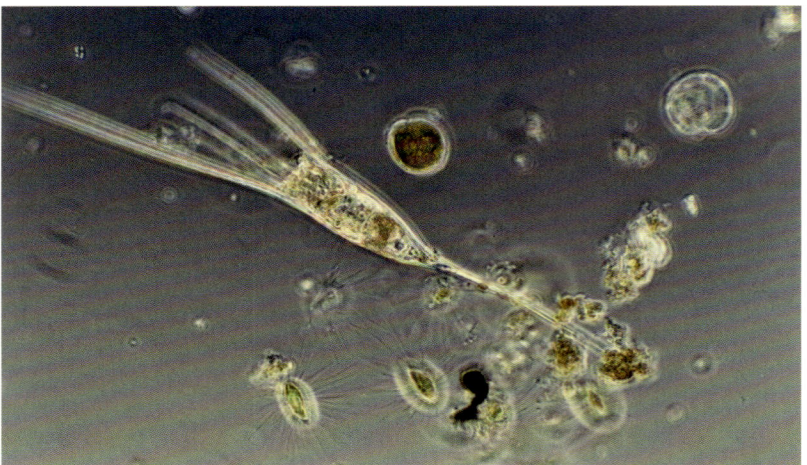

Abb. 59:
Rädertier *Kellicottia longispina* im Plankton des Großen Heiligen Meeres.

im Erdfallsee fand sie die Nematode *Eutylenchus excretorius* in drei weiblichen und sechs juvenilen Exemplaren. Aus dieser Gattung sind fünf Arten beschrieben, die bisher noch nicht aus Europa bekannt waren. *Eutylenchus excretorius* war nur aus Kanada gemeldet worden.

7.4 Gastrotricha

Aus der artenarmen Klasse der Bauchhärlinge ist die Gattung *Chaetonotus* in den Aufwuchsproben aus den verschiedenen Gewässern regelmäßig vertreten. Um welche Art oder welche Arten es sich dabei handelt, ist nicht bekannt.

7.5 Rädertiere

Die Rädertiere sind mit einer größeren Artenzahl vertreten. Bereits KLOCKE (1894) gibt mehrere Rädertierarten für das Heilige Meer an. In weiteren Arbeiten, die das Zooplankton behandeln, werden die Rädertiere mit aufgeführt, bei KEMPER (1930) 7 Arten, bei KRIEGSMANN (1938) 18 Arten, bei EHLERS (1965) 40 Arten und bei MÜCKE (1978) 15 Arten. KOSTE (1970 und 1972) beschrieb eine parasitisch lebende Rädertierart als *Albertia reichelti* aus dem Großen Heiligen Meer und konnte für *Proales gigantea* wohl den deutschen Erstnachweis aus dem gleichen Gewässer erbringen. Eine neuere Bearbeitung der Rädertiere legten KOSTE & TERLUTTER (2001) vor. Hierbei konnten 195 Arten für das Naturschutzgebiet nachgewiesen werden. Trotz dieser vergleichsweise hohen Artenzahl kann davon ausgegangen werden, dass noch weitere Rädertierarten im Gebiet nachgewiesen werden können.

7.6 Schnurwürmer

Die meisten Arten der artenarmen Klasse der Schnurwürmer (Nemertini) leben in marinen Lebensräumen, nur wenige Arten kommen im Süßwasser vor. Der Erstfund eines Schnurwurmes, *Prostoma graecense*, für das Große Heilige Meer stammt von Reisinger (1938). In den letzten Jahren gelangen wiederum einige Funde von Schnurwürmern durch H.O. Rehage (1988, 2 Ex., 1991 1 Ex., 1993 4 Ex.). Eine morphologische Untersuchung der Tiere durch J. Pust (Pust & Rehage 1995) deutet darauf hin, dass es sich bei diesen Tieren nicht um die von Reisinger (1938) gemeldete Art handelt. Weitere Untersuchungen sollen die Artzugehörigkeit klären.

7.7 Weichtiere

Die ersten Angaben zu den Weichtieren (Mollusca) des Naturschutzgebietes Heiliges Meer macht bereits Klocke (1894). Seine Liste der Wasserschnecken und Mollusken wird ergänzt durch die Angaben von Kemper (1930). Eine erste Zusammenstellung der Weichtierfauna des Gebietes, und zwar sowohl der Wasser- als auch der Landtiere, legte Ant (1963) vor. Grundlage dieser Zusammenstellung waren eigene Aufsammlungen und die Beobachtungen während kleinerer Exkursionen und Kurse in der Biologischen Station. In den folgenden Jahren konnten weitere Arten nachgewiesen werden, insbesondere ein Wasserschnecken-Kurs im Jahr 2000 erbrachte mehrere neue Funde für das Naturschutzgebiet, so dass von Rehage & Terlutter (2002) eine erneute zusammenfassende Darstellung der Mollusken des Gebietes vorgelegt wurde.

Es sind insgesamt 69 Molluskenarten aus dem NSG und seiner direkten Umgebung bekannt. Mit 48 Arten dürften die Wassermollusken vollständig erfasst sein, bei einigen Arten muss aber davon ausgegangen werden, dass sie aktuell nicht mehr im Gebiet vorkommen. Für einige weitere Arten ist eine gezielte Nachsuche erforderlich, um ihr heutiges Vorkommen zu bestätigen. Nicht vollständig ist die Liste der 21 Landschneckenarten. Bei den Gehäuseschnecken, aber besonders bei den Nacktschnecken werden noch weitere Arten nachzuweisen sein.

7.8 Ringelwürmer

Der Stamm der Ringelwürmer (Annelida) ist im Gebiet mit der Klasse der Gürtelwürmer (Clitellata) vertreten. Während über die Unterklasse der Wenigborster (Oligochaeta), zu der auch die Regenwürmer gehören, wenig aus dem Naturschutzgebiet bekannt ist, wurden die Vertreter der Unterklasse der Egel (Hirudinea) von Müller (1971) in den verschiedenen Gewässern erfasst. Kemper (1930) nennt für das Große und das Kleine Heilige Meer fünf aquatische Oligochaeta (*Stylaria lacustris*, *Nais obtusa*, *Chaetogaster diaphanus*, *Pristina lutea* und *Tubifex tubifex*). Über die terrestrischen Arten der Enchytraeidae und Lumbricidae (Regenwürmer) liegen keine Arbeiten vor.

Die Egel sind im Naturschutzgebiet mit 10 Arten vertreten. 9 Arten werden von Müller (1971) aufgeführt, zusätzlich kam im Gebiet auch der Medizinische Egel (*Hirudo medicinalis*) vor, der zuletzt

1970 von Beyer in 2 Exemplaren im Erdfallsee gefunden wurde (Rehage mdl.). Hinsichtlich der Ernährung können Räuber und Blutsauger unterschieden werden. Der Gemeine Fischegel (*Piscicola geometra*) saugt ausschließlich an Fischen, während *Hemiclepsis marginata* an Fischen, Amphibien, Würmern und Weichtieren Blut saugt. Der Entenegel (*Theromyzon tessulatum*) dringt in den Nasen- und Rachenraum ein, um dort Blut zu saugen. Die beiden *Glossiphonia*-Arten und der Schneckenegel (*Helobdella stagnalis*) nehmen die Körperflüssigkeit von Weichtieren, Würmern und Insektenlarven auf. Die jungen Stadien des Gemeinen Blutegel (*Hirudo medicinalis*) saugen Blut an verschiedenen Wirbeltieren, für die Geschlechtsreife ist die Aufnahme von Säugetierblut erforderlich. Die beiden Hundeegel der Gattung *Erpobdella* ernähren sich räuberisch, sie verschlingen ihre Nahrung, die aus Würmern, Insektenlarven und anderen Kleintieren besteht.

7.9 Bärtierchen

Bärtierchen (Tardigraden) sind im Wasser lebende kleine Organismen, deren Hauptlebensraum feuchte bzw. nasse Moospolster sind. Die moosbewohnenden Bärtierchen können lebensgefährdende Austrocknungen in einer Trockenstarre (Anabiose) überdauern, in der sie viele Monate verharren können, um bei günstiger werdenden Lebensbedingungen innerhalb weniger Stunden wieder aktiv zu werden. Die Bärtierchen des Naturschutzgebietes Heiliges Meer wurden von BLOM (1973) untersucht. Es wurden Moospolster, die unterschiedlich lange austrocknen, miteinander verglichen. Hierbei wurden 8 Bärtierchenarten gefunden (Tab. 23). Eine spätere mikroskopische Analyse des Tiermaterials ergab noch eine weitere Art, *Isohypsibius granulifer*, die im Naturschutzgebiet Heiliges Meer erstmals für Deutschland nachgewiesen wurde (GREVEN & BLOM 1977).

Tab. 23
Bärtierchen in Moospolstern des Naturschutzgebietes Heiliges Meer (nach BLOM 1973).

	A	B	C	D	E
Echiniscus testudo				+	+
Hypsibius convergens		+	+	+	+
Hypsibius dujardini	+	+	+	+	
Hypsibius oberhaeuseri				+	+
Isohypsibius augusti	+				
Isohypsibius granulifer	+				
Macrobiotus hufelandi		+	+	+	+
Macrobiotus richtersi					+
Milnesium tardigradum				+	+

A: Ständig nasse Moose, die im Wasser schwimmen oder untergetaucht sind.
B: Moose im Uferbereich, die niemals austrocknen.
C: Moose vom Waldboden, von Baumstümpfen und Wiesenböden, die nie direktes Sonnenlicht erhalten und daher erst bei anhaltender trockener Witterung völlig austrocknen.
D: Moose von Weiden, Bäumen und Dächern, die zeitweilig direktes Sonnenlicht erhalten und daher schneller als die Moose der vorherigen Gruppen austrocknen.
E: Moose von Steinen, Dächern und Brandstellen, die einen großen Teil des Jahres aufgrund direkter Sonneneinstrahlung trocken sind.

TIERWELT

Abb. 62:
Kreuzspinne in der Heide.

7.10 Spinnen

Die Erfassung der Spinnenfauna des NSG begann erst im Jahre 2001 mit einer Diplomarbeit, in der mit Bodenfallen und anderen Fallenmethoden an fünf verschiedenen Standorten Spinnen gefangen wurden (ZENS 2003). In den folgenden Jahren wurde mit weiteren Fallenmethoden nach Spinnen gesucht. Viele bedeutende Informationen entstammen den Beobachtungen und Aufsammlungen während der Spinnenkurse in der Außenstelle Heiliges Meer, die seit 2001 jährlich stattfinden. In einer Zusammenstellung aller bisherigen Nachweise konnten 235 Arten aus 26 Familien genannt werden, das sind ca. 37 % der Spinnenarten, die aus Nordrhein-Westfalen bekannt sind (BUCHHOLZ & KREUELS 2005).

7.11 Krebstiere

Unter den Krebstieren sind die Wasserflöhe bereits von KLOCKE (1892) bearbeitet worden. Seitdem sind besonders in Arbeiten über das Plankton der Gewässer Krebse miterfasst worden. Die Kenntnisse über die verschiedenen im Gebiet vorkommenden Gruppen der Krebse ist aber sehr unterschiedlich, eine Übersicht gibt Tab. 24.

Tab. 24
Die systematischen Gruppen der Krebse (Klasse Crustacea) im NSG Heiliges Meer und ihr Bearbeitungsstand (Systematik nach GRUNER 1993).

Unterklasse Phyllopoda Blattfußkrebse	
Ordnung Diplostraca Zweischaler	
Unterordnung Cladocera Wasserflöhe	über 50 Arten bekannt (HOLLWEDEL 1968, HOLLWEDEL & TERLUTTER 2003)
Unterklasse Ostracoda Muschelkrebse	im Gebiet vorhanden, aber nicht bearbeitet
Unterklasse Copepoda Ruderfußkrebse	mehrere Arten bei KEMPER (1930) und KRIEGSMANN (1938), 7 Arten bei EHLERS (1965)
Unterklasse Branchiura Fischläuse	Argulus foliaceus (KEMPER 1930).
Unterklasse Malacostraca	
Ordnung Amphipoda Flohkrebse	2 Arten (KEMPER, 1930)
Ordnung Isopoda Asseln	6 Arten (REHAGE & SPÄH 1979)
Ordnung Decapoda Zehnfußkrebse	Astacus astacus (KEMPER 1930), heute wohl nicht mehr im Gebiet (SCHMIDT et al. 1985)

TIERWELT

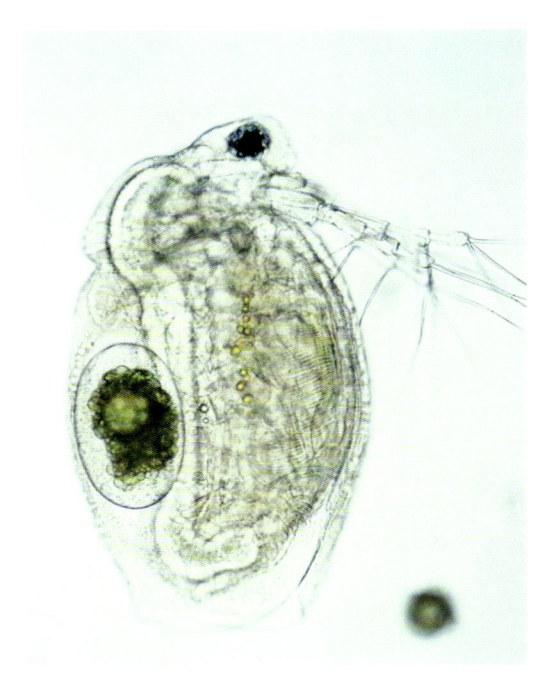

Abb. 63:
Ceriodaphnia quadrangula, ein planktontischer Wasserfloh.

Abb. 64:
Alona quadrangularis bewohnt den Gewässerboden des Litorals.

Die Wasserflöhe (Blattfußkrebse, Cladocera) sind die am besten bekannte und artenreichste Gruppe der Krebse im Gebiet. Durch die Untersuchungen und Zusammenstellungen von HOLLWEDEL (1968) und HOLLWEDEL & TERLUTTER (2003) liegen auch ökologische Informationen zu den Arten vor. Während in der Arbeit von 1968 insgesamt 46 Arten aufgeführt wurden, konnten in 2003 bereits 53 Arten genannt werden. Dass damit aber noch nicht alle Arten bekannt sind und noch mit weiteren Arten gerechnet werden muss, zeigt der Nachweis einer bisher im Gebiet noch nicht bekannten Art der Blattfußkrebse (*Tretocephala ambigua*) durch FLÖSSNER (2005). Die größte Artenzahl (41 Arten) wurde in den Seen gefunden, da in diesen offensichtlich eine große Vielfalt von Habitatbedingungen realisiert ist. Deutlich geringer ist die Artenzahl in den flachen Weihern (15 Arten) und in den tieferen Kolken (14 Arten). Am niedrigsten (mit 4 Arten) ist die Artenzahl in den temporären Tümpel, die nur von wenigen sehr euryöken und von spezialisierten Arten besiedelt werden können.

Die Asseln des Gebietes wurden von REHAGE & SPÄH (1979) untersucht. Neben der Wasserassel, die nährstoffreiche Still- und Fließgewässer bewohnt, konnten fünf terrestrische Arten nachgewiesen werden. Die Asseln haben eine wichtige Funktion für den Streuabbau in der Rohhumusschicht. Die größte Dichte erreichen die Asseln in den feuchten Bruchwäldern, aber vereinzelt kommen auch Tiere in der feuchten und sogar trockenen Heide vor.

7.12 Tausendfüßer

Zur Klasse der Tausendfüßer werden die Hundertfüßer (Chilopoda), Zwergfüßer (Symphyla), Wenigfüßer (Pauropoda) und Doppelfüßer (Diplopoda) zusammengefasst. Im NSG Heiliges Meer kommen Hundertfüßer und Doppelfüßer vor, Vertreter der beiden anderen Gruppen konnten noch nicht festgestellt werden. Bisher liegt erst eine Auswertung der Doppelfüßer vor (REHAGE & SPÄH, 1979). Die Doppelfüßer ernähren sich im wesentlichen von abgestorbenen Pflanzenteilen und treten besonders in feuchten Lebensräumen auf. *Craspedosoma rawlinsi* und *Iulus scandinavicux* sind im Naturschutzgebiet an vielen Stellen gefunden worden. Im Birkenbruchwald am Heideweiher trat *Cylindroiulus punctatus* relativ häufig auf, *Polydesmus denticulatus* wurde im Erlenbruchwald am Großen Heiligen Meer gesammelt. Vom Saftkugler *Glomeris conspersa* wurden wenige Tiere im Kellereingang der Biologischen Station gefunden.

7.13 Libellen

Eine umfassende Liste der Libellen des NSG Heiliges Meer, die zum größten Teil auf eigenen Untersuchungen basierte, legte BEYER (1956) vor. Im Naturschutzgebiet konnte er 39 Libellenarten nachweisen, das sind fast die Hälfte der 80 in Deutschland lebenden Arten. Seitdem sind weitere Arten im Gebiet beobachtet worden: Kleine Pechlibelle und Glänzende Smaragdlibelle (GRIES & OONK 1975), Hochmoor-Mosaikjungfer (Schmidt 1984), Große Heidelibelle (Rehage mdl.), Pokal-Azur-

Abb. 65:
Die Südliche Binsenjungfer, *Lestes barbarus*, ist eine wärmeliebende Libellenart und benötigt für die Larvenentwicklung genügend hohe Wassertemperaturen.

Abb. 66:
Die Larven der Westlichen Keiljungfer entwickeln sich im Brandungsufer des Erdfallsees.

Tab. 25:
Libellenarten des NSG Heiliges Meer. * Die Art wurde in den letzten Jahren im Gebiet noch beobachtet. M: "Moorart", Fortpflanzung in oligotrophen bzw. dystrophen Gewässern (nach Beyer 1956, Gries & Oonk 1975, Schmidt 1984, Chen 2008, Rehage, Menke, Göcking mdl.)

Familie Prachtlibellen			**Familie Edellibellen**		
	Calopteryx virgo	Blauflügel-Prachtlibelle	*	*Aeshna mixta*	Herbst-Mosaikjungfer
*	*Calopteryx splendens*	Gebänderte Prachtlibelle	*	*Aeshna juncea*	Torf-Mosaikjungfer (M)
Familie Teichjungfern			*	*Aeshna subarctica*	Hochmoor-Mosaikjungfer (M)
	Sympecma paedisca	Sibirische Winterlibelle		*Aeshna grandis*	Braune Mosaikjungfer
*	*Sympecma fusca*	Gemeine Winterlibelle	*	*Aeshna cyanea*	Blaugrüne Mosaikjungfer
*	*Lestes viridis*	Weidenjunger	*	*Aeshna isoceles*	Keilflecklibelle (M)
*	*Lestes sponsa*	Gewöhnliche Binsenjungfer	*	*Anax imperator*	Große Königslibelle
*	*Lestes virens*	Kleine Binsenjungfer (M)	*	*Brachytron pratense*	Kleine Mosaikjungfer
*	*Lestes dryas*	Glänzende Binsenjungfer	**Familie Flußjungfern**		
*	*Lestes barbarus*	Südliche Binsenjungfer	*	*Gomphus pulchellus*	Westliche Keiljungfer
Familie Federlibellen			*	*Gomphus vulgatissimus*	Gewöhnliche Keiljungfer
*	*Platycnemis pennipes*	Federlibelle	**Familie Falkenlibellen**		
Familie Schlankjungfern			*	*Cordulia aenea*	Gewöhnliche Smaragdlibelle
*	*Pyrrhosoma nymphula*	Frühe Adonislibelle	*	*Somatochlora metallica*	Glänzende Smaragdlibelle
*	*Erythromma lindenii*	Pokal-Azurjungfer	**Familie Segellibellen**		
*	*Erythromma najas*	Großes Granatauge	*	*Libellula depressa*	Plattbauch
*	*Erythromma viridulum*	Kleines Granatauge	*	*Libellula quadrimaculata*	Vierfleck
*	*Ischnura elegans*	Große Pechlibelle	*	*Orthetrum cancellatum*	Großer Blaupfeil
*	*Ischnura pumilio*	Kleine Pechlibelle	*	*Orthetrum coerulescens*	Kleiner Blaupfeil
*	*Enallagma cyathigerum*	Becher-Azurjungfer	*	*Crocothemis erythraea*	Feuerlibelle
*	*Coenagrion puella*	Hufeisen-Azurjungfer		*Leucorrhinia caudalis*	Zierliche Moosjungfer (M)
*	*Coenagrion pulchellum*	Fledermaus-Azurjungfer	*	*Leucorrhinia pectoralis*	Große Moosjungfer (M)
	Coenagrion hastulatum	Speer-Azurjungfer (M)	*	*Leucorrhinia rubicunda*	Nordische Moosjungfer (M)
	Coenagrion lunulatum	Mond-Azurjungfer (M)	*	*Leucorrhinia dubia*	Kleine Moosjungfer (M)
	Ceriagrion tenellum	Späte Adonislibelle	*	*Sympetrum sanguineum*	Blutrote Heidelibelle
			*	*Sympetrum striolatum*	Große Heidelibelle
			*	*Sympetrum vulgatum*	Gewöhnliche Heidelibelle
			*	*Sympetrum danae*	Schwarze Heidelibelle (M)
			*	*Sympetrum flaveolum*	Gefleckte Heidelibelle (M)

jungfer und Späte Adonislibelle (CHEN 2008) sowie Kleiner Blaupfeil (Menke schrftl.). Von diesen 48 Libellenarten wurden in den letzten Jahren noch 43 Arten regelmäßig gesehen, so dass von deren aktuellem Vorkommen im Gebiet ausgegangen werden kann.

Ein Viertel der Arten pflanzen sich in nährstoffarmen bzw. dystrophen Gewässern fort. Dies sind diejenigen Arten, die in ihrer Häufigkeit insgesamt deutlich zurückgegangen sind und z.T. zu den stark gefährdeten Tierarten zählen. Zwei dieser „Moorarten" sind mittlerweile auch aus dem Naturschutzgebiet verschwunden: Speer-Azurjungfer und Zierliche Moosjungfer.

7.14 Heuschrecken

Eine ausführliche Bearbeitung der Heuschreckenfauna des NSG publizierte BUSSMANN (2004). Danach wurden im Naturschutzgebiet und seiner nächsten Umgebung 25 Heuschreckenarten nachgewiesen (s. Tab. 25), von denen auch heute noch 21 Arten aktuelle Vorkommen besitzen. Zu den besonderen Arten der Heideflächen gehört der Kleine Heidegrashüpfer, der in ganz Nordrhein-Westfalen zu den sehr seltenen Art gehört und im Naturschutzgebiet die landesweit größte Population besitzt. Eine Charakterart des feuchten Grünlandes ist die Sumpfschrecke. Ihre Bestände sind jedoch sehr klein und werden stark beeinträchtigt durch die Mahd der Grünlandflächen.

Tab. 26: Heuschreckenarten im NSG Heiliges Meer und seiner nächsten Umgebung.
* aktuelle Vorkommen bekannt. Die Jahreszahl gibt das Jahr des letzten Nachweises an.

Familie Laubheuschrecken
Meconema thalassinum	Gewöhnliche Eichenschrecke *
Conocephalus dorsalis	Kurzflügelige Schwertschrecke *
Tettigonia viridissima	Großes Heupferd *
Metrioptera roeselii	Roesels Beißschrecke *
Metrioptera brachyptera	Kurzflügelige Beißschrecke *

Familie Grillen
Gryllus campestris	Feldgrille vor 1951
Acheta domesticus	Heimchen 1995
Nemobius sylvestris	Waldgrille *

Familie Dornschrecken
Tetrix subulata	Säbel-Dornschrecke *
Tetrix ceperoi	Westliche Dornschrecke *
Tetrix undulata	Gemeine Dornschrecke *

Familie Feldheuschrecken
Locusta migratoria	Europäische Wanderheuschrecke 1900
Oedipoda caerulescens	Blauflügelige Ödlandschrecke 1949
Stethophyma grossum	Sumpfschrecke *
Stenobothrus stigmaticus	Kleiner Heidegrashüpfer *
Omocestus viridulus	Bunter Grashüpfer *
Omocestus haemorrhoidalis	Rotleibiger Grashüpfer *
Myrmeleotettix maculatus	Gefleckte Keulenschrecke *
Chorthippus apricarius	Feld-Grashüpfer *
Chorthippus biguttulus	Nachtigall-Grashüpfer *
Chorthippus brunneus	Brauner Grashüpfer *
Chorthippus mollis	Verkannter Grashüpfer *
Chorthippus dorsatus	Wiesengrashüpfer *
Chorthippus albomarginatus	Weißrandiger Grashüpfer *
Chorthippus parallelus Gemeiner	Grashüpfer *

Abb. 67:
Die Sumpfschrecke (*Stethophyma grossum*) lebt in den Feuchtwiesen des Naturschutzgebietes.

Abb. 68:
Der Kleine Heidegrashüpfer (*Stenobothrus stigmaticus*, Weibchen) besiedelt in einer großen Population die Heide am Großen Heiligen Meer.

7.15 Köcherfliegen

Die Köcherfliegen (Trichoptera) wurden von Wichard & Beyer (1972) bearbeitet. Sie konnten für das Naturschutzgebiet mit Hilfe von Lichtfang und Aufsammlungen von Larven in den Gewässern 35 wasserbewohnende Köcherfliegenarten nachweisen. Alle 35 Arten kommen im Großen Heiligen Meer vor, 22 Arten im Erdfallsee, 21 Arten im Heideweiher. Seit 1994 tritt zusätzlich in der Meerbecke das Posthörnchen, *Neureclipsis bimaculatus*, vermehrt auf. Außerdem kommt im Naturschutzgebiet unsere einzige terrestrische Köcherfliegenart *Enoicyla pusilla* vor. Die Larven dieser Art, die in einem Köcher aus Sandkörnchen lebt, sind in der Bodenschicht aller feuchten Waldgesellschaften im Gebiet häufig.

Eine Einteilung der Arten nach ihrer ökologischen Präferenz der Besiedlung der Brandungszone (vegetationsarm, Wellenschlag) bzw. der Verlandungszone (dichte Vegetation) haben Wichard & Beyer (1972) vorgenommen. 8 Arten besiedeln die Brandungszone der Gewässer, diese kommen nur im Großen Heiligen Meer und im Erdfallsee vor. Eine Präferenz für die Verlandungszone besitzen 17 Arten, in beiden ökologisch verschiedenen Zonen treten 10 Arten auf. Die Bewohner der Verlandungszonen kommen z.T. in allen drei untersuchten Gewässern vor.

In 1989 war von Mai bis Oktober eine Lichtfalle in der Verlandungszone des Großen Heiligen Meeres installiert. Hierdurch konnten weitere Köcherfliegenarten nachgewiesen werden, so dass heute insgesamt 49 Arten aus dem NSG bekannt sind (Seredszus et al. 2000).

7.16 Käfer

Die Ordnung der Käfer (Coleoptera) ist neben den Hautflüglern und Zweiflüglern die artenreichste Tiergruppe in Deutschland. Im Naturschutzgebiet Heiliges Meer sind mehrfach mit unterschiedlichen Methoden Aufsammlungen durchgeführt worden. Die Untersuchung der Käferfauna begann bereits Ende der zwanziger Jahre des vorigen Jahrhunderts. Die ältesten Belege in der Sammlung des LWL-Museums für Naturkunde stammen aus dem Jahr 1929. Nach einer Auswertung aller bisherigen Funde, als Belege oder als Literaturangaben, konnten bisher im NSG 1146 Käferarten aus 76 Familien nachgewiesen werden (Rehage & Terlutter 2003).

Den größten Anteil der Käfer im NSG stellen die zoophagen Arten mit 47 %. Hier sind vor allem die artenreich vertretenen Familien der Laufkäfer (135 Arten), der Kurzflügelkäfer (255 Arten) sowie der Wasserkäfer (63 Arten) zu nennen. Die zweitgrößte Gruppe sind die pflanzenfressenden Käfer (26%) mit den Familien Blattkäfer (87 Arten), Bockkäfer (24 Arten), Borkenkäfer (22 Arten), Spitzmaulrüssler (16 Arten) und Rüsselkäfer (94 Arten).

Der Anteil der Totholz bewohnenden Käferarten (xylobionte Käfer, 15%) spiegelt in gewissem Maße die noch junge Geschichte der Wälder im NSG wider. Bis in die dreißiger Jahre des vorigen Jahrhunderts reichten landwirtschaftlich genutzte Flächen bis an die Gewässerufer des heutigen NSG. Es gab einige kleinere Kiefernbestände, Bruchwälder waren nur kleinflächig als Niederwälder ausgebildet. Mit der Ausweisung als Naturschutzgebiet änderte sich die Nutzung der Flächen, und um die Gewässer entwickelten sich Birken- und Erlenbruchwälder, in trockeneren Bereichen neben Kiefern- auch Birken-Eichenwälder. Außer einzelnen z.T. viel älteren Bäumen sind die meisten Bäume des NSG nicht älter als ca. 50-60 Jahre. Da keine forstliche Nutzung der Wälder erfolgte, konnten nicht nur die verschiedenen an Holz gebundenen Pilzarten in den vergangenen Jahrzehnten kontinuierlich zunehmen (RUNGE 1992). Auch die xylobionten Käfer sind mittlerweile mit einer hohen Artenzahl vorhanden, die vergleichbar ist mit Naturwaldzellen, deren Baumbestände teilweise viel älter, die aber auf jeden Fall als Waldbestand ein viel höheres Alter haben als die Wälder im NSG Heiliges Meer.

Für die weiteren im Gebiet vorhandenen Gruppen der Käfer soll als Beispiel eine Unterfamilie der Blattkäfer (Chrysomelidae, Donaciinae), die Schilfkäfer, vorgestellt werden. Die Larven der Schilfkäfer leben an verschiedenen Wasser- und Sumpfpflanzenarten und besitzen eine unterschiedliche Spezialisierung auf einzelne oder mehrere Pflanzenarten. Die Arten des Naturschutzgebietes, ihr letztes Fundjahr und ihre Nährpflanzenbindung sind Tab. 26 zu entnehmen. Im Gebiet leben 10 Schilfkäferarten, die mit einer Ausnahme (*D. thalassina*) während der drei vergangenen Jahrzehnte noch nachgewiesen werden konnten. Einige der Nährpflanzen sind besonders durch die Fraßaktivität des Bisams stark zurückgegangen, so dass das aktuelle Vorkommen für mehrere Arten wieder überprüft werden muss (z.B. die Arten an *Scirpus lacustris*: *D. impressa*, *D. brevicornis*, *D. marginata*, *D. bicolor*).

Die Bedeutung der Schilfkäfervorkommen im Naturschutzgebiet Heiliges Meer veranschaulicht die Auswertung der Bestandsentwicklung der westfälischen Schilfkäferfunde durch KROKER (1986). In der westfälischen Tieflandsbucht wurden vor 1900 23 Schilfkäferarten nachgewiesen, nach 1950 nur noch 17. Von diesen 17 Arten kommen heute noch im Naturschutzgebiet wenigstens 9 Arten vor, das sind etwa die Hälfte der in ganz Westfalen heute noch nachgewiesenen Arten

Abb. 69:
Der Heide-Sandlaufkäfer (*Cicindela campestris*) besiedelt Torf- und Rohhumus-Böden.

Abb. 70:
Der Feld-Sandlaufkäfer (*Cicindela hybrida*) ist auf den Sandflächen und Sandwegen in der Heide häufig.

TIERWELT

Tab. 27
Die Schilfkäfer (Chrysomelidae, Donaciinae) des Naturschutzgebietes Heiliges Meer und Jahreszahl des letzten Fundes (nach KROKER 1986 und verschiedenen späteren Aufsammlungen). Angabe der Nahrungspflanze der Larve nach MOHR (1966) und KIPPENBERG (1994).

Art	letztes Fundjahr	Nahrungspflanze der Larve
Macroplea appendiculata	1980	Myriophyllum, Potamogeton
Donacia clavipes	1992	Phragmites, Phalaris
Donacia crassipes	1993	Nymphaea, Nuphar
Donacia versicolorea	1973	Potamogeton natans
Donacia impressa	1984	Scirpus lacustris
Donacia brevicornis	1984	Scirpus lacustris
Donacia marginata	1963	Sparganium erectum, Scirpus, Carex
Donacia bicolor	1963	Sparganium erectum, Scirpus, Carex
Donacia thalassina	1940	Eleocharis palustris u.a. Cyperaceae
Donacia cinerea	1992	Thypha, Phragmites, Sparganium, Carex

Abb. 71: Der Schwarzkäfer *Diaperis boleti* entwickelt sich im Birkenporling.

(19 Schilfkäferarten nach 1950 nachgewiesen). Diesen starken Rückgang der Schilfkäferarten führt KROKER (1986) auf den tiefgreifenden Landschaftswandel zurück: „Im Verlauf von landwirtschaftlichen Rationalisierungen und auch in der Folge von Flurbereinigungsmaßnahmen wurden zahlreiche Kleingewässer trockengelegt, eingeebnet oder bei „Reinigungsmaßnahmen" die für die Donacien notwendigen Pflanzenarten entfernt."

7.17 Zweiflügler (Mücken und Fliegen)

Die Zweiflügler mit den Mücken und Fliegen sind die zweitgrößte heimische Tiergruppe. Auch im NSG ist diese Gruppe mit zahlreichen Arten vertreten, es liegen aber erst für sehr wenige Familien Daten vor. In mehreren limnologischen Arbeiten wird die Larve der Büschelmücke *Chaoborus* (=*Corethra*) *crystallinus* aufgeführt, die auch in den meisten Kursen in der Außenstelle auf Exkursionen demonstriert werden kann. Die Larven leben in großer Zahl im Plankton der Seen und in den kleineren Tümpeln und Kolken. In den Seen zeigt die Art eine charakteristische tagesperiodische Vertikalwanderung, bei der sie am Tage über dem Gewässerboden oder im Sediment ruht und bei Dunkelheit in die oberen Schichten des Gewässers aufsteigt, wo sie sich u.a. von Blattfußkrebsen und Ruderfußkrebsen ernährt. Am Morgen lässt sie sich wieder auf den Gewässerboden absinken. Da das Hypolimnion während der Sommermonate keinen Sauerstoff enthält, gewinnt die Büschelmücke am Tage ihre Energie mit einer für sie typischen Art des anaeroben Stoffwechsels (OPALKA 1977).

Einen ersten Einblick in das Artenspektrum der Zuckmücken gibt eine Untersuchung von FIEKER (2004), die als Ergänzung zu paläolimnologischen Untersuchungen von Sedimenten des Großen Heiligen Meeres auch die rezente Chironomidenfauna berücksichtigte (Larvenbestimmung und Zucht zu Puppen bzw. Imagines).

TIERWELT

Abb. 72:
Eine Raubfliege klebt am Mittleren Sonnentau.

Abb. 73:
Die Hosenbiene *Dasypoda hirtipes* legt ihre Brutröhren in kleinen Kolonien auf sandigen Flächen an.

Wegen ihrer z.T. auffälligen Färbung sind die Schwebfliegen die am häufigsten untersuchten Fliegen. Dies gilt auch für die Fauna des NSG, für die TIMMERMANN (2003) eine Bearbeitung der Schwebfliegen vorlegte. Nach seiner einjährigen Erfassung und weiterem bereits vorliegendem Sammlungsmaterial sind bisher 75 Schwebfliegenarten aus dem NSG bekannt.

7.18 Hautflügler

Für die artenreichste heimische Insektengruppe, die Hautflügler, liegt für die Teilgruppe der Wildbienen eine Bearbeitung durch DAHLSTROM (2004) vor. Er konnte für das NSG 67 Wildbienenarten (ohne Honigbiene und Hummeln) nachweisen. Bemerkenswert ist das Vorkommen von 4 Arten, die streng an Besenheide gebunden sind. Neben diesen Arten nimmt Dahlstrom auch für weitere Arten an, dass die Vorkommen am Heiligen Meer weit isoliert von den nächsten Vorkommen dieser Arten sind und somit das Naturschutzgebiet Heiliges Meer ein bedeutendes Refugialgebiet darstellt.

7.19 Fische

Über die Fische des Naturschutzgebietes berichtet bereits KEMPER (1930). Während er für das Große Heilige Meer und das Kleine Heilige Meer eine fischereiliche Nutzung (Reusen und Angeln) angibt, was zu der Zeit nach der Naturschutzverordnung noch erlaubt war, hält er den Erdfallsee wegen seines niedrigen pH-Wertes nicht für ein Fischgewässer. Es würden aber immer wieder Fische dort ausgesetzt. Eine intensivere Erfassung der Fischfauna führten SCHMIDT et al. (1985) durch, indem sie mit der Methode des Elektrofischens das Große Heilige Meer und den Erdfallsee untersuchten. Da das Große Heilige Meer früher von der Meerbecke durchflossen wurde, und auch heute noch wegen des z.T. hohen Wasserstandes eine Verbindung zumindest für Aale besteht, wurden zum Vergleich mit der gleichen Methode die Meerbecke und die Hopstener Aa untersucht. In diesen vier Gewässern konnten bisher 16 Fischarten festgestellt werden (Tab. 27).

Die quantitativen Erfassungen von Schmidt et al. (1985) ergaben die höchsten Anteile für den Aal und den Brachsen. Unter den Fängen aus dem Großen Heiligen Meer hatten die Aale einen Anteil am Gesamtgewicht von 46,4 %, die Brachsen 40,5 %. Im Erdfallsee dominierten allein die Aale mit 86,2 % am Gesamtgewicht.

Die ökologischen Gegebenheiten der beiden Gewässer im Naturschutzgebiet ließen aber noch weitere Arten erwarten, die gute Existenzbedingungen finden könnten: Moderlieschen, Bitterling, Schlammpeitzger, Dreistachliger und Neunstachliger Stichling. Für das Fehlen dieser Arten machen Schmidt et al. (1985) den „ungewöhnlich hohen Aalbestand" verantwortlich. Dieser Aalbestand sei anthropogen bedingt durch starke Aalbesatzmaßnahmen, die in den letzten Jahrzehnten im Gewässersystem der Ems (in die die Hopstener Aa mündet) durchgeführt worden sind. Da zumindest für Steigaale ein kaum eingeschränkter Wanderweg über offene Gräben besteht, konnten sie von dort in die Gewässer des Naturschutzgebietes gelangen. Hieraus wird der Vorschlag abgeleitet, den Aalbestand drastisch zu reduzieren und die fehlenden Arten wieder auszusetzen.

Bevor jedoch solche Eingriffe in das Ökosystem der Seen vorgenommen werden, sollten alle weiteren Möglichkeiten, durch die die aktuelle Zusammensetzung der Fischfauna bestimmt sein könnte, analysiert werden. Der Einfluss von Pestiziden auf die submersen Wasserpflanzenbestände wurde bereits erläutert (s. Kap. 6.5). Ein möglicher Zusammenhang zwischen Fischfauna und Schadstoffeinträgen bzw. dem speziellen Stoffhaushalt der Gewässer wurde im Naturschutzgebiet bisher nicht untersucht, obwohl gerade Fische und ihre frühen Stadien besonders empfindlich auf ihre abiotische Umwelt reagieren.

Tab. 28:
Fische im Naturschutzgebiet Heiliges Meer (Großes Heiliges Meer, GHM und Erdfallsee, EFS), in der Meerbecke (Mb) und in der Hopstener Aa (HA). (- : nur von Kemper 1930 angegeben, später nicht mehr; + nach Schmidt et al. 1985; Steinbeißer: Beyer, mitgeteilt durch Rehage).

	GHM	EFS	Mb	HA
Familie Hechte *Esocidae*				
Hecht *Esox lucius*	+	+		
Familie Aale *Anguillidae*				
Aal *Anguilla anguilla*	+	+		+
Familie Karpfenfische *Cyprinidae*				
Karpfen *Cyprinus carpio*	-			
Schleie *Tinca tinca*	+			
Gründling *Gobio gobio*	+	+		
Plötze (Rotauge) *Rutilus rutilus*	+	+		+
Rotfeder *Scardinius erythrophthalmus*	+	+		
Brachsen *Abramis brama*	+	-		
Güster *Blicca bjoerkna*	+			
Schmerle (Bartgrundel) *Noemacheilus barbatulus*			+	+
Steinbeißer *Cobitis taenia*	+			
Familie Schellfische *Gadidae*				
Quappe *Lota lota*	-			
Familie Barsche *Percidae*				
Flußbarsch *Perca fluviatilis*	+	+		
Kaulbarsch *Acerina cernua*	+			
Familie Stichlinge *Gasterosteridae*				
Dreistachliger Stichling *Gasterosteus aculeatus*			+	+
Neunstachliger Stichling *Pungitius pungitius*			+	+

7.20 Amphibien

Im Naturschutzgebiet Heiliges Meer wurden bisher 9 Amphibienarten beobachtet. Bereits Beyer (1934) nennt für das Gebiet die Kreuzkröte als Charakterart der Heiden. Sie tritt heute jedoch nur

TIERWELT

7.21 Reptilien

Die möglicherweise einzige heute im Naturschutzgebiet lebende Reptilienart ist die Waldeidechse (*Lacerta vivipara*). Sie ist in allen Teilen des Gebietes an geeigneten Stellen häufig. Sehr viel seltener oder bereits im Gebiet ausgestorben ist die Zauneidechse (*Lacerta agilis*), die 1986 zum letzten Mal hier gesehen wurde (Rehage mdl.). Von der Blindschleiche (*Anguis fragilis*) liegt aus dem Gebiet nur ein Nachweis vor. Da keine unmittelbar benachbarten Populationen bekannt sind und die Art später nicht wieder gesehen wurde, handelt es sich möglicherweise um ein ausgesetztes Tier. Ähnliches kann für einen Nachweis der Sumpfschildkröte (*Emys orbicularis*) im Bereich der Meerbecke angenommen werden, Hinweise auf eine autochthone Population fehlen völlig.

sporadisch auf, kommt aber in der näheren Umgebung an geeigneten Stellen noch vor. Die Knoblauchkröte war seit 1970 im Naturschutzgebiet nicht mehr beobachtet worden, konnte aber seit 2007 wieder vereinzelt im Gebiet nachgewiesen werden (Kronshage mdl.). Sicher verschwunden aus dem Gebiet ist der Laubfrosch, der 1973 zum letzten mal gehört wurde.

Über die Häufigkeit der übrigen auch heute noch im Gebiet der lebenden Arten ist wenig bekannt. Teichmolch und Bergmolch werden regelmäßig, aber vereinzelt festgestellt. Grasfrosch und Erdkröte gehören wohl zu den häufigen Arten, aber auch der Wasserfrosch besiedelt mit einer individuenreichen Population u.a. den Heideweiher. Der Bestand des Moorfrosches wurde bisher noch nicht untersucht, es finden sich aber während des Sommers im gesamten Gebiet Tiere, auch Jungtiere und Einjährige.

Abb. 74: Moorfrosch.

Abb. 75: Waldeidechse.

7.22 Vögel

Die ersten Beobachtungen zur Vogelwelt des Heiligen Meeres wurden bereits Ende des vorigen Jahrhunderts von KLOCKE (1894) publiziert. Seitdem folgten eine Anzahl Berichte über besondere Arten, die im Gebiet festgestellt wurden (BEYER 1934, FALTER, GOETHE & KRIEGSMANN 1935, FALTER & KRIEGSMANN 1937). Den größten Beitrag zur Erforschung der Vogelwelt des Naturschutzgebietes lieferte G. KNOBLAUCH (KNOBLAUCH 1956, 1969). 1980 legte Knoblauch eine zusammenfassende Darstellung aller bisherigen Beobachtungen vor. Wesentlicher Bestandteil dieser Publikation sind die Ergebnisse von Brutvogelbestandaufnahmen, die Knoblauch 1955 und 1974 im Naturschutzgebiet durchgeführt hat. Knoblauch lieferte auch Daten vom Heiligen Meer zur Nationalen Schwimmvogelzählung (HARENGERD et al. 1990). Seitdem liegen weiterer Beobachtungen besonders von H.O. Rehage vor. Um mögliche Veränderungen in den Brutbeständen aller Vogelarten zu erfassen, wurde 1994 eine erneute Brutvogelbestandsaufnahme durchgeführt (R. Kwak und H. Terlutter).

Abb. 76:
Haubentaucher mit Rotauge.

Eine Liste aller bisher im NSG Heiliges Meer beobachteten Vogelarten findet sich unter www.heiliges-meer.de. Diese Liste enthält 194 Vogelarten. Hierbei handelt es sich um Brutvögel, Wintergäste, Durchzügler, Irrgäste und Volierenflüchter.

Die Ergebnisse der drei Brutvogelbestandserhebungen, die einen Zeitraum von fast 40 Jahren umfassen, weisen z.T. große Unterschiede auf (Tab. 28). Die Anzahl der Brutvogelarten betrug 1955 53 Vogelarten, war 1974 mit 46 Vogelarten am niedrigsten und mit 55 Arten in 1994 am höchsten. Ein gravierender Unterschied zwischen den Kartierungen resultiert aus der unterschiedlichen Erfassungs- bzw. Auswertungsmethode. KNOBLAUCH (1980) verwendet als Kriterium zur Abgrenzung von Brutrevieren für alle Arten die gleiche Anzahl revieranzeigender Beobachtungen (Methode siehe BERTOLD et al. 1974), während für die Kartierung 1994 (Kwak u. Terlutter) für jede Art spezifische Bewertungskriterien verwendet werden (HUSTINGS et al. 1989). Diese Methode liefert für jede Art eine viel größere Annäherung an die tatsächliche Anzahl von Brutrevieren.

Beim Vergleich der drei Kartierungen muss dieser methodische Unterschied beachtet werden. Am auffälligsten sind die Unterschiede bei den Standvögeln, besonders bei den häufigen Arten Zaunkönig, Rotkehlchen, Amsel und Buchfink. Große Unterschiede in der Anzahl der Brutreviere

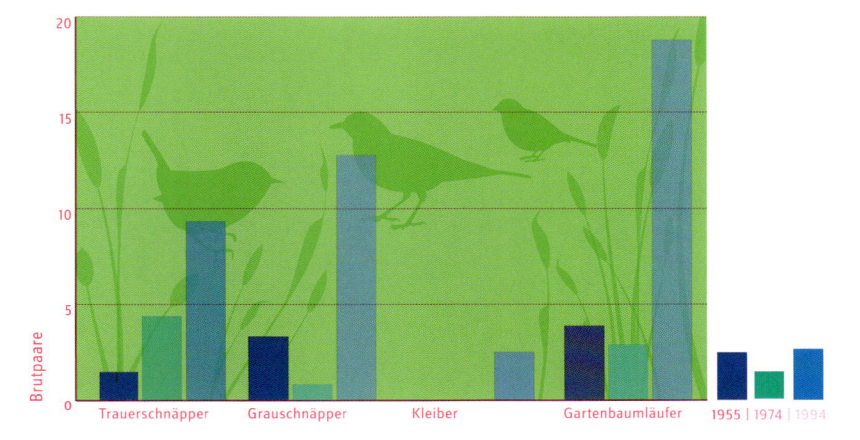

Abb. 77:
Anzahl der Brutreviere von Gartenbaumläufer, Grauschnäpper, Trauerschnäpper und Kleiber in den Jahren 1955, 1974 und 1994

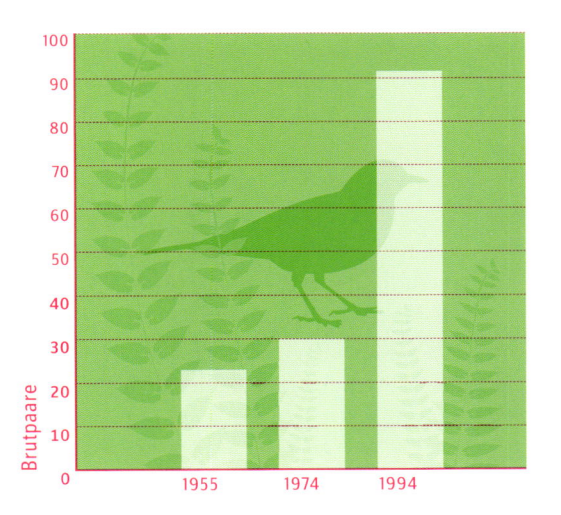

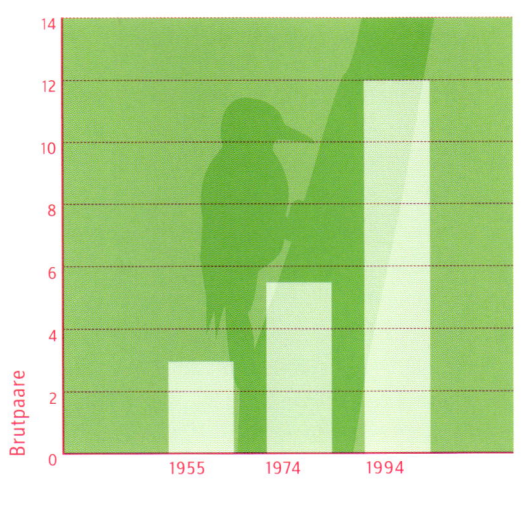

Abb. 78:
Anzahl der Brutreviere der Meisen in den Jahren 1955, 1974 und 1994.

Abb. 79:
Anzahl der Brutreviere der Spechte in den Jahren 1955, 1974 und 1994.

Abb. 80:
Rohrammer.

Abb. 81:
Teichrohrsänger.

bei mehreren anderen Arten können jedoch nicht allein durch die unterschiedliche Bewertung der Beobachtungen erklärt werden. So stellte bereits Knoblauch (1980) für die Mönchsgrasmücke eine auffällige Bestandszunahme fest (1955: ein Brutrevier, 1974: 10 Brutreviere). Dieser Trend setzte sich bis 1994 mit 23 Brutrevieren fort. Auch die Zunahme der Goldammer von einem Brutrevier 1955 über zwei Brutreviere 1974 bis zu 14 Brutrevieren 1994 ist nicht methodisch erklärbar, sondern hängt wie bei der Mönchsgrasmücke mit populationsdynamischen Prozessen zusammen, die eine wesentliche Ursache in geänderten Habitatverhältnissen im Naturschutzgebiet haben.

Gegenläufige Bestandsentwicklungen zeigen die Zwillingsarten Fitis und Zilpzalp. Der Fitis nahm in seinem Bestand von 1955 bis heute fast um die Hälfte ab, während der Zilpzalp seinen Bestand mehr als verdoppelte (Abb. 83). Der Fitis fand 1955 günstige Habitatstrukturen sowohl in der mit vielen Bäumen bestandenen Heidefläche als auch in den noch z.T. jungen Wäldern. KNOBLAUCH (1980) führt den Fitis 1955 als dominante Art der dichten Strauchschicht, der Wälder und der Calluna-Heide an. Die Calluna-Heide ist heute durch Schlagen der Bäume und durch die Schafbeweidung weitgehend frei von Bäumen und Sträuchern, und Teile der niedrigwüchsigen Strauch- und Baumflächen sind heute zu Wäldern herangewachsen. Die Brutverbreitung des Fitis hatte 1994 ihren Schwerpunkt in den Weidengebüschen der drei großen Gewässer sowie auf einer Brachfläche, die bereits einen dichten Baumaufwuchs aus Birken und Kiefern von etwa 1,50 m Höhe aufweist (Abb. 84). Der Zilpzalp profitierte offensichtlich vom Heranwachsen der Laubwälder. Seine Brutreviere sind

Tab. 29:
Anzahl der Brutreviere im NSG Heiliges Meer in den Jahren 1955, 1974 und 1994 (nach Knoblauch 1980 und Kwak u. Terlutter).

	1955	1974	1994		1955	1974	1994
Zwergtaucher	1	-	1	Amsel	16	18	56
Haubentaucher	-	1	1	Singdrossel	7	11	19
Krickente	1	-	-	Sumpfrohrsänger	-	-	1
Stockente	10	16	14	Teichrohrsänger	22	18	29
Reiherente	-	-	1	Gelbspötter	1	-	-
Habicht	-	-	1	Dorngrasmücke	11	-	1
Fasan	3	4	1	Klappergrasmücke	6	3	-
Wasserralle	-	1	7	Gartengrasmücke	7	9	20
Teichhuhn	7	6	8	Mönchsgrasmücke	1	10	23
Bläßhuhn	1	6	8	Waldlaubsänger	1	-	1
Bekassine	1	-	-	Zilpzalp	15	14	36
Hohltaube	-	-	1	Fitis	67	36	41
Ringeltaube	11	16	27	Wintergoldhähnchen	1	1	-
Turteltaube	3	1	-	Schwanzmeise	2	2	6
Kuckuck	-	-	4	Sumpfmeise	-	-	9
Steinkauz	1	-	-	Weidenmeise	6	7	8
Ziegenmelker	3	-	-	Haubenmeise	3	2	3
Mauersegler	1	-	-	Tannenmeise	1	-	-
Grünspecht	2	3	2	Blaumeise	5	4	32
Schwarzspecht	-	-	1	Kohlmeise	8	17	40
Buntspecht	1	2	6	Kleiber	-	-	3
Kleinspecht	-	1	3	Gartenbaumläufer	4	3	19
Heidelerche	-	1	-	Pirol	1	1	5
Mehlschwalbe	4	15	-	Eichelhäher	2	5	4
Rauchschwalbe	2	-	-	Dohle	1	-	7
Baumpieper	9	13	11	Rabenkrähe	3	3	3
Bachstelze	1	-	3	Star	8	8	53
Zaunkönig	8	16	47	Haussperling	-	-	1
Heckenbraunelle	5	8	5	Feldsperling	-	-	2
Rotkehlchen	13	19	55	Buchfink	15	18	71
Nachtigall	1	1	1	Grünling	-	-	1
Trauerschnäpper	2	4	9	Hänfling	-	1	-
Grauschnäpper	3	1	13	Gimpel	-	1	-
Gartenrotschwanz	4	1	1	Goldammer	1	2	14
Misteldrossel	2	4	3	Rohrammer	12	11	8

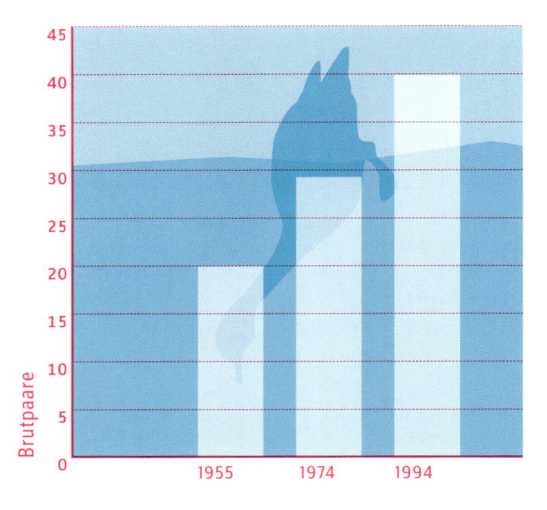

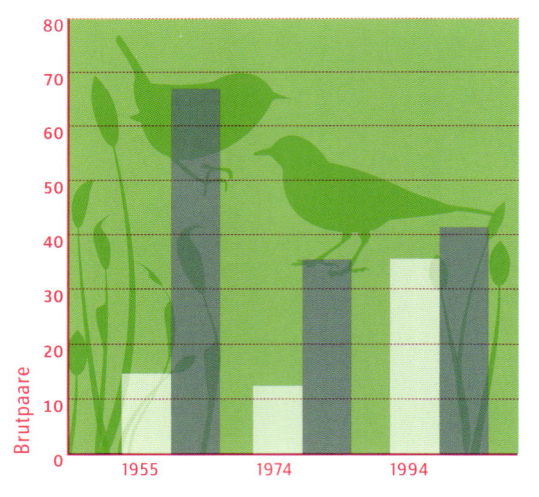

verteilt über das gesamte Naturschutzgebiet, mit relativ dichten Beständen in den älteren Laubwäldern am Großen Heiligen Meer und am Erdfallsee (Abb. 84). Er bewohnt auch die hohen Baumbestände um die Biologische Station, den kleinen Kiefernwald südwestlich der Biologischen Station und die Baum- und Strauchreihe entlang des Weges am Südrand des Erdfallsee-/Heideweihergebietes.

Eine starke Zunahme ist bei der ökologischen Gruppe der Höhlen- und Halbhöhlenbrüter in den letzten 40 Jahren erfolgt. Dies hat seine wesentliche Ursache im zunehmenden Alter der Bäume und im völligen Fehlen forstwirtschaftlicher Maßnahmen. Daher bleibt alles Alt- und Totholz im Gebiet und kann vielen Vogelarten die Möglichkeit zum Brüten bieten. Die Zunahme der Spechte (Abb. 79) ist sicherlich eine Folge der Zunahme günstiger Brutbäume, und ihre höhlenbauende Tätigkeit ist wiederum Voraussetzung für das vermehrte Höhlenangebot für die verschiedenen Meisenarten (Abb. 78).

Bemerkenswert ist die Zunahme der Wasservögel, obwohl durch die große Zahl der Besucher des Naturschutzgebietes und wegen des regelmäßigen Bootfahrens im Rahmen von Kursen in der Außenstelle Heiliges Meer eher mit einer Abnahme zu rechnen gewesen wäre. Die Zunahme betrifft Stockente, Wasserralle, Teichhuhn und Blässhuhn (Abb. 82). Eine mögliche Ursache dieser positiven Bestandsentwicklung könnte die allmähliche Eutrophierung der Gewässer sein. Zunahmen von Wasservögeln als Folge einer Eutrophierung sind für mehrere Gewässer (sowohl Brut- als auch Rastbestände) gezeigt worden (z.B. николай 1978, UT-SCHICK 1976).

Abb. 82:
Anzahl der Brutreviere der Wasservögel in den Jahren 1955, 1974 und 1994.

Abb. 83:
Anzahl der Brutreviere von Fitis und Zilpzalp in den Jahren 1955, 1974 und 1994.

TIERWELT

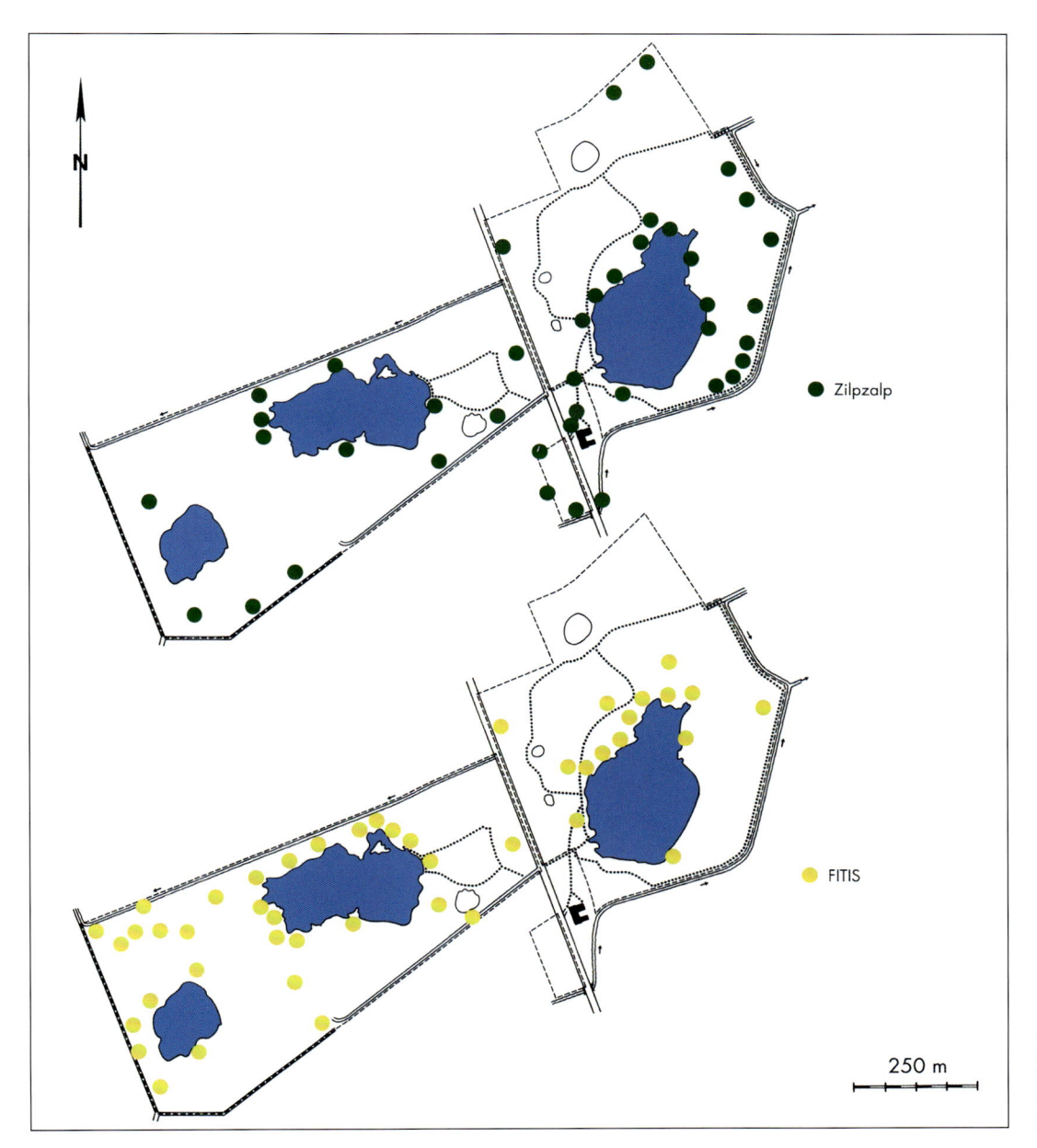

Abb. 84:
Lage der Brutreviere von
Zilpzalp (oben) und Fitis (unten)
im Naturschutzgebiet Heiliges
Meer in der Brutsaison 1994.

TIERWELT

Abb. 85:
Der Wespenbussard hat in den letzten Jahren wieder im NSG gebrütet..

In den letzten Jahren sind als Neubürger unserer Fauna weitere Vogelarten aufgetreten. Seit 2005 brüten sowohl Graugans als auch Kanadagans im Naturschutzgebiet. Seit 2003 hält sich jährlich mindestens ein Paar der Nilgans im Gebiet auf, für 2006 besteht Brutverdacht für diese Art, es konnte aber noch kein Paar mit Jungtieren beobachtet werden.

7.23 Säugetiere

Die Säugetiere des Naturschutzgebietes Heiliges Meer und seiner Umgebung sind von SCHRÖPFER (1966) untersucht worden, einzelne Angaben über Kleinsäuger finden sich auch bei RENSCH (1940).

Seitdem wurden noch einige weitere Arten festgestellt (REHAGE 2008), so dass bisher 28 Säugetierarten für das Gebiet bekannt wurden. Einige davon dürften aber heute nicht mehr vorkommen. Der letzte Fischotter wurde 1905 in der Meerbecke gefangen. Auch der Dachs hat heute keine Baue im Gebiet, einen befahrenen Dachsbau gab es bis 1961 (nach Beyer, Mitteilung durch Rehage), er kommt aber in der weiteren Umgebung noch vor. Hausspitzmaus und Hausmaus lebten im Hof Attermeyer, dessen Gebäude abgerissen wurden. Der Baummarder wurde seit vielen Jahren nicht mehr im Gebiet gesehen. Vom Mink wurden bisher zwei Tiere am Rande des Naturschutzgebietes gefangen, die höchstwahrscheinlich aus einer nahe gelegenen Farm stammten.

Insektenfresser

Der Igel ist im Gebiet nicht selten. Die Wiesen und die angrenzenden Wälder sind sein Lebensraum, die sehr feuchten Bereiche meidet er. Der Maulwurf ist häufig, seine Erdhügel findet man sowohl auf sandigem als auch auf moorigem Boden. SCHRÖPFER (1966) unterscheidet noch nicht die beiden sehr ähnlichen Arten Waldspitzmaus und Schabrackenspitzmaus. Das Belegmaterial seiner Untersuchung befindet sich im LWL- Museum für Naturkunde in Münster und wurde von Vierhaus und Hutterer nachträglich determiniert. Beide Arten kommen im Gebiet vor und sind nicht selten, ebenso die Zwergspitzmaus. Seltener als diese drei Spitzmausarten ist die Wasserspitzmaus, die SCHRÖPFER (1966) sowohl am Großen Heiligen Meer als auch am Heideweiher fangen konnte.

Fledermäuse

Während des ganzen Sommers können Fledermäuse im Naturschutzgebiet bei der Jagd beobachtet werden. Hierbei handelt es sich in den meisten Fällen um Wasserfledermaus, Abendsegler und Zwergfledermaus. In einem Stollen am Fuße des Schafberges bei Steinbeck fand SCHRÖPFER (1966) als Überwinterer Teich-, Wasser- und Fransenfledermaus. In einem Fledermauskasten, der im Naturschutzgebiet aufgehängt war, sahen Lindenschmidt und Rehage (mdl.) ein Exemplar der Bechsteinfledermaus. Die Fledermauskästen werden nicht regelmäßig kontrolliert, um die seltenen Fledermäuse nicht zu stören. Vom Braunen Langohr wurde ein Tier 1979 in einem Unterstand in der Nähe der Außenstelle entdeckt. Ob die Fledermäuse im Naturschutzgebiet von der Zunahme der Baumhöhlen profitiert haben wie mehrere Vogelarten, ist nicht bekannt. Möglich wäre dies für die sogenannten „Waldfledermäuse", zu denen TAAKE (1990) Abendsegler, Kleinabendsegler, Große Bartfledermaus, Bechsteinfledermaus, Fransenfledermaus, Wasserfledermaus und Braunes Langohr zählt.

Hasentiere

Der Bestand des Feldhasen ist im Gebiet niedrig. Wildkaninchen zeigen als Folge von Infektionskrankheiten starke jährliche Bestandsschwankungen. Sie finden auf dem trockenen sandigen Boden ideale Lebensbedingungen.

Nagetiere

Das Eichhörnchen tritt vereinzelt im Gebiet auf (1-2 Kogel), meist in der roten Farbphase. Seit 1965 ist der Bisam im Naturschutzgebiet (Erstbeobachtung durch Beyer, REHAGE 2008) und hat heute am Großen Heiligen Meer eine große Bedeutung für die Entwicklung der Wasserpflanzenbestände. So ist der drastische Rückgang von Teichsimse, Fieberklee u.a. wohl ausschließlich auf den Fraß durch den Bisam zurückzuführen. Er frisst auch große Lücken in die Rohrkolbenbestände. Zum Teil werden die Pflanzen nur abgebissen oder nur be-

Abb. 86: Zwergmaus.

stimmte Teile gefressen, da häufig frisch abgebissene Pflanzenteile im Wasser schwimmen. Einen ähnlichen Einfluss auf die Wasserpflanzenbestände eines neu angelegten Gewässers teilen Bernhardt & Schröpfer (1992) mit. Obwohl zunächst Bisamfallen durch Bisamjäger aufgestellt worden waren, was nur einen geringen Einfluss auf den Bisam hatte, dafür aber eine Gefährdung für Wasservögel darstellte, können sich die Bestände des Bisam heute ungestört entwickeln. Der Bisam legt in strengen Wintern in der Schilfzone auffällige Winterburgen besonders aus Halmen von Schilf und Rohrkolben an. Die Nutria, auch Ferkelratte genannt, ist seit 2001 im Gebiet nachgewiesen (Rehage 2008), und wurde in den folgenden Jahren mehrfach wieder beobachtet. Sie lebt ähnlich amphibisch wie der Bisam und ernährt sich ebenfalls u.a. von Wasserpflanzen. Die Waldmaus ist in vielen Lebensräumen des Naturschutzgebietes häufig, während die Zwergmaus relativ spärlich angetroffen wird. Sie lebt in dicht verfilzten Hochgrasfluren und verschmäht auch Pfeifengrasbestände nicht. Nah verwandt mit der Waldmaus ist die sehr ähnlich aussehende Gelbhalsmaus, die 2001 während eines Säugetierkurses erstmals für das NSG nachgewiesen wurde (Rehage 2008). Dieses Vorkommen konnte in den Folgejahren mehrfach bestätigt werden. Die Rötelmaus hat ihren Schwerpunkt in den Bruchwäldern, die Erdmaus trifft man in den Pfeifengrasbeständen und Hochgrasfluren an. Feldmäuse leben auf den Weide- und Ackerflächen, während die Schermaus die feuchten und nassen Bereiche der verkrauteten Gräben besiedelt.

Raubtiere

Der Rotfuchs hat in jedem Jahr mindestens einen Bau im Gebiet. Mitte der achtziger Jahre konnten Lienenbecker und Rehage eine Füchsin mit 9 Welpen beobachten. Über das aktuelle Vorkommen der Marder und Wiesel liegen die meisten Informationen durch überfahrene Tiere vor.

Paarhufer

Das Reh ist der einzige wild lebende Paarhufer im Naturschutzgebiet, wenn man von den selten durchziehenden Wildschweinen absieht. Die Rehe erfahren, wie viele andere Säugetiere und viele Vögel, eine starke Dezimierung durch den Autoverkehr auf der L 504 von Ibbenbüren nach Hopsten. Bis zu 3 Rehe pro Jahr werden durch den Zusammenprall mit Autos getötet.

8. Naturschutz

8.1 Schutzziele

„Naturschutzgebiete werden festgesetzt, soweit dies zur Erhaltung von Lebensgemeinschaften oder Lebensstätten bestimmter wildlebender Pflanzen und wildlebender Tierarten, aus wissenschaftlichen, naturgeschichtlichen, landeskundlichen oder erdgeschichtlichen Gründen oder wegen der Seltenheit, besonderen Eigenart oder hervorragenden Schönheit einer Fläche oder eines Landschaftsbestandteils erforderlich ist." (§ 20 Landschaftsgesetz Nordrhein-Westfalen).

Erhaltung von Lebensgemeinschaften oder Lebensstätten bestimmter wildlebender Pflanzen und wildlebender Tierarten

In der „Roten Liste der gefährdeten Biotoptypen in Nordrhein-Westfalen" (VERBÜCHELN et al. 1999) werden fast alle im Naturschutzgebiet vertretenen Lebensräume aufgeführt, einschließlich der besonders bedrohten und schutzbedürftigen Biotoptypen nach § 20c des Bundesnaturschutzgesetzes: Röhrichte, Verlandungszonen stehender Gewässer, Zwergstrauchheiden und Bruchwälder. Als Beispiele für die besondere Schutzbedürftigkeit dieser Lebensräume im Naturschutzgebiet sollen einige stark gefährdete Pflanzenarten genannt werden (Gefährdungskategorien nach der Roten Liste NW 1999).

Arten oligotropher und mesotropher Stillgewässer.

		Rote Liste NW
Pillenfarn	*Pilularia globulifera*	2
Sumpfhartheu	*Hypericum elodes*	1
Strandling	*Littorella uniflora*	2
Wasser-Lobelie	*Lobelia dortmanna*	1
Froschkraut	*Luronium natans*	2
Igelschlauch	*Baldellia ranunculoides*	1
Zwiebel-Binse	*Juncus bulbosus*	.
Vielstengelige Simse	*Eleocharis multicaulis*	2
Flutende Tauchsimse	*Isolepis fluitans*	2
Borst-Schmiele	*Deschampsia setacea*	1
Kleiner Igelkolben	*Sparganium minimum*	2
Schmalblättriger Igelkolben	*Sparganium angustifolium*	1

Arten feuchter und trockener Heiden und Sandtrockenrasen.

		Rote Liste NW
Kleinfrüchtiger Ackerfrauenmantel	*Aphanes microcarpa*	2
Quendel-Seide	*Cuscuta epithymum*	2
Rundblättriger Sonnentau	*Drosera rotundifolia*	2
Gemeine Moosbeere	*Vaccinium oxycoccus*	2
Gemeine Krähenbeere	*Empetrum nigrum*	2
Lungenenzian	*Gentiana pneumonanthe*	2
Gagel	*Myrica gale*	2
Sumpfblutauge	*Comarum palustris*	1
Braunes Schnabelried	*Rhynchospora fusca*	2
Faden-Binse	*Juncus filiformis*	2

Wissenschaftliche, naturgeschichtliche, landeskundliche oder erdgeschichtliche Gründe:

Natürliche, tiefe Stillgewässer gibt es in Westfalen nur im Naturschutzgebiet Heiliges Meer. Ihre Untersuchung und die Möglichkeit des Vergleichs unterschiedlich alter Gewässer verschiedener Trophiestufen liefern grundlegende Kenntnisse über die natürliche Entwicklung und die Lebensgemeinschaften solcher Stillgewässer. Erdgeschichtliche Besonderheit ist die Häufung von unterschiedlich großen Stillgewässern bedingt durch die Besonderheiten des geologischen Untergrunds.

Abb. 87: Von der Moorlilie (*Narthecium ossifragum*) gibt es im NSG nur noch wenige Exemplare (Rote Liste: gefährdet).

Seltenheit, besondere Eigenart oder hervorragende Schönheit.

Oligotrophe Lebensräume gehören zu den größten Seltenheiten unserer Landschaft. Die Schönheit einer Landschaft als subjektive und modeabhängige Kategorie ist oft eng korreliert mit der Seltenheit einer Landschaft. Die hohen Besucherzahlen belegen die Anziehungskraft dieser Landschaft.

Nachdem mit der ersten Verordnung zur Ausweisung des Naturschutzgebietes im Jahre 1930 zunächst ca. 55 ha unter Schutz gestellt wurden, umfasst mit der aktuellen Verordnung vom 28.11.2008, in der die Naturschutzgebiete „Heiliges Meer", „Heiliges Meer Erweiterung und Heiliges Feld" und „Heupen" zusammengefasst werden, das jetzt NSG „Heiliges Meer-Heupen" genannte Gebiet eine Größe von ca. 260 ha.

In der Präambel der Verordnung heißt es:
„Das Naturschutzgebiet bildet den zentralen Bereich des Senkungs- und Erdfallgebietes des Heiligen Feldes ....Diese Region ist das bedeutendste und größte Erdfallgebiet in Westfalen. Bei den Erdfällen und Subrosionssenken handelt es sich um Geotope, das heißt um erdgeschichtliche Bildungen, die Erkenntnisse über die Entwicklung der Erde und des Lebens vermitteln.

In diesem Naturschutzgebiet kommt ein landesweit einmaliges Ensemble vollständig erhaltener Verlandungsserien natürlicher Stillgewässer unterschiedlicher Nährstoffangebote vor...Der Gebietskomplex beinhaltet Bestände landesweit gefährdeter Biotopstrukturen...Es ist seitens der Bundesrepublik Deutschland als ein Gebiet von gemeinschaftlicher Bedeutung gemäß der FFH-Richtlinie einschließlich der Vogelschutz-Richtlinie der

NATURSCHUTZ

Europäische Union gemeldet worden. Es stellt einen Bestandteil des zusammenhängenden europäischen ökologischen Netzes „Natura 2000" dar....Wichtiges Ziel der Verordnung ist der Schutz der natürlichen Seen verschiedener Trophiestufen und Verlandungsserien und deren Lebensgemeinschaften, die Erhaltung der benachbarten Feucht- und Trockenheiden und Sandtrockenrasen sowie der Bruchwälder und der erdgeschichtlichen Zeugnisse. Der Extensivierung der landwirtschaftlichen Nutzung im Umfeld des Seenkomplexes, insbesondere der Erhaltung bzw. Entwicklung und extensiven Bewirtschaftung von Feucht- und Magergrünland kommt ebenfalls große Bedeutung zu."

8.2 Gefährdung

In einer Landschaft, die durch zunehmende Anreicherung von Nährstoffen und Schadstoffen gekennzeichnet ist, sind oligotrophe Lebensräume besonders stark gefährdet. Der Eintrag dieser Stoffe kann über die Luft, durch Regen, Oberflächengewässer und durch das Grundwasser erfolgen.

Der negative Einfluß des Oberflächenwassers auf den Nährstoffhaushalt der Gewässer wurde bereits früh erkannt. In den sechziger Jahren wurde die Meerbecke an die Grenze des Naturschutzgebietes verlegt und fließt heute nicht mehr durch das Große Heilige Meer. Umfanggräben am Rande der Bruchwälder am Großen Heiligen Meer und am Erdfallsee fangen das von den angrenzenden bewirtschafteten Flächen anfallende Oberflächenwasser sowie oberflächennahes Grundwasser auf, so daß der Einfluß des Umfeldes auf das Schutzgebiet durch oberirdisches Wasser vermindert wird (BEYER 1969).

Abb. 88:
Der Heidebläuling (*Plebejus argus*) lebt im NSG an Besenheide (Rote Liste: stark gefährdet).

Abb. 89:
Vom Zwerg-Igelkolben (*Sparganium minimum*) wurden vor wenigen Jahren einzelne Individuen entdeckt (Rote Liste: stark gefährdet).

NATURSCHUTZ

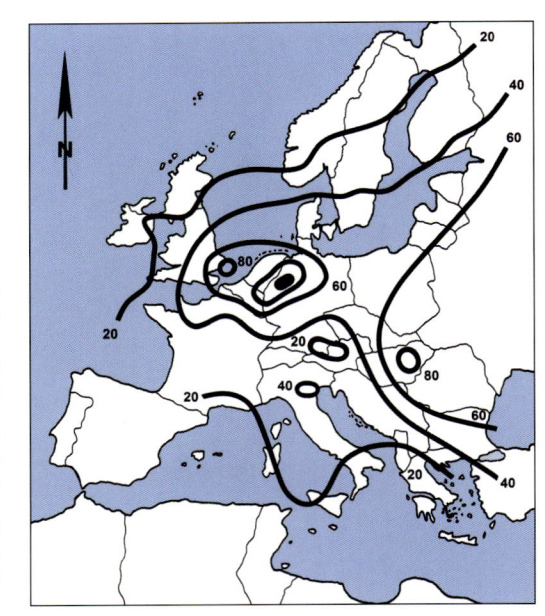

Abb. 90:
Ammonium-Konzentration im Freilandniederschlag (µMol/l). Im Nordwesten Mitteleuropas sind Ausstoß und Niederschlag von Ammonium wegen der dort besonders intensiven Tierhaltung bedenklich hoch (aus Ellenberg 1989).

Abb. 91:
Die Landstraße L 504 zerschneidet das Gebiet in zwei Teilgebiete.

Über Beeinträchtigungen des Stoffhaushaltes, die durch das Grundwasser vermittelt werden, liegen umfangreiche Untersuchungen vor (PUST 1993, WEINERT et al. 2000). Als Hauptverursacher der Verunreinigung des Grundwassers gelten:

Durch landwirtschaftliche Nutzung der direkt an das Schutzgebiet angrenzenden Äcker gehen erhöhte Mengen an Stickstoff-, Phosphor-, Alkali- und Erdalkaliverbindungen durch Auswaschung in das Grundwasser über. Nitratgehalte im Grundwasser des Schutzgebietes von über 200 mg/l, Kaliumkonzentrationen von über 40 mg/l, pH-Werte von 4,3 und Aluminiumkonzentrationen von zeitweise mehr als 4 mg/l gehen ursächlich auf diese Quelle zurück.

Durch den Straßenverkehr auf der Landstraße L 504 von Hopsten nach Ibbenbüren gelangen Abtausalze und Schwermetalle in das Grundwasser des Schutzgebietes. Neben ausgedehnten Belastungen durch NaCl sind lokale Schwermetallbelastungen durch Blei, Kadmium, Kupfer und Zink bereits im tieferen Grundwasser nachweisbar.

Den Eintrag von Stoffen über den Luftpfad, insbesondere Ammonium und Nitrat, haben BANGERT & KOWARIK (2000) und HERRMANN (2004) analysiert (s.o.).

8.3 Schutzmaßnahmen

Der heutige Zustand des Naturschutzgebietes ist das Resultat verschiedener Schutzmaßnahmen. Hierfür muß zwischen den drei Hauptlebensräumen Stillgewässer, Heide und Wald unterschieden werden, deren Existenz und Schutz von jeweils spezifischen Faktoren abhängen.

Aus den Heideflächen wurden 1961 die meisten Kiefern und Birken entfernt. Zur Beweidung der Heideflächen, besonders zum Verbeißen des Birkenaufwuchses, wurden 1961 Heidschnucken angeschafft. Diese Herde beweidete abwechselnd das Gebiet am Großen Heiligen Meer und die Gebiete am Erdfallsee und am Heideweiher. 1970 wurde die Herde aufgeteilt. In den Gebieten am Erdfallsee und Heideweiher weidet weiterhin eine reine Heidschnuckenherde, für die Herde im Gebiet am Großen Heiligen Meer wurde ein Mufflon-Bock angeschafft. Das Einkreuzen des Mufflon sollte den Verbiß der Birken verstärken, da die Wildtiere häufiger holzige Pflanzen als Nahrung nutzen, die Heidschnucken dagegen krautige Pflanzen und Gräser bevorzugen. Durch Auffrischen der Herde mit reinrassigen Mufflonböcken macht die Heidschnucken/Mufflon-Herde heute den Eindruck einer fast reinen Mufflonherde. Die Beweidung und das zeitweilige manuelle Entfernen von Gehölzjungwuchs bleiben auch in Zukunft wichtige Faktoren zur Erhaltung der Heideflächen.

In den sechziger Jahren wurde die ursprünglich das Große Heilige Meer durchfließende Meerbekke an die Grenze des Schutzgebietes verlegt. Umfanggräben im Bereich der Bruchwälder sollen das Eindringen von nährstoffreichem Oberflächenwasser von den angrenzenden landwirtschaftlichen Nutzflächen verhindern.

Die Wälder erfordern keine besonderen Maßnahmen, sie bleiben ihrer natürlichen Entwicklung überlassen. Wichtig ist auch für die Wälder die Beibehaltung eines hohen Grundwasserstandes.

Da eine Gefährdung des Schutzgebietes durch den Nährstoffeintrag der unmittelbar angrenzenden Äcker erfolgt, wurden zur Schaffung einer nicht und nur extensiv genutzten Pufferzone bereits 1965 Acker- und Weideflächen durch den Landschaftsverband Westfalen-Lippe gekauft, später wurden weitere Flächen hinzugekauft. Im Zuge des Feuchtwiesenschutzprogramms des Landes Nordrhein-Westfalen wurden um das Naturschutzgebiet Heiliges Meer Flächen als Naturschutzgebiete „Erweiterung Heiliges Meer und Heiliges Feld" durch die Verordnung vom 4.8. 1988 geschützt (Abb. 94), die heute Bestandteil des NSG Heiliges Meer-Heupen sind. Dadurch konnten besonders im Bereich des Großen Heiligen Meeres die angrenzenden Flächen erfasst werden. Dennoch befindet sich ein Großteil der Flächen immer noch in Privatbesitz und wird weiterhin als Getreide- und Maisacker genutzt. Dies gilt auch für

Abb. 92: Mufflon-Herde im Teilgebiet Großes Heiliges Meer.

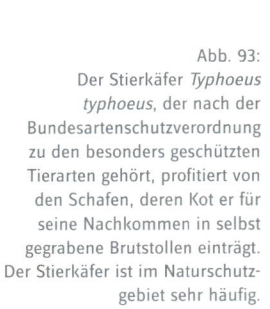

Abb. 93:
Der Stierkäfer *Typhoeus typhoeus*, der nach der Bundesartenschutzverordnung zu den besonders geschützten Tierarten gehört, profitiert von den Schafen, deren Kot er für seine Nachkommen in selbst gegrabene Brutstollen einträgt. Der Stierkäfer ist im Naturschutzgebiet sehr häufig.

die Flächen um das Erdfallsee-Heideweihergebiet, die bis auf einige Flächen an der Nordseite nicht in das Erweiterungsschutzgebiet aufgenommen wurden und somit bis heute keinen Schutzstatus besitzen. In einer umfangreichen Studie zu den zukünftigen Möglichkeiten eines effizienten Schutzes des NSG Heiliges Meer-Heupen kommen BANGERT & KOWARIK (2000) zu dem Schluß: „Viele Schlüsselfaktoren der Schadstoffproblematik lassen sich am wirksamsten durch eine übergeordnete nutzungsintegrierte Naturschutzpolitik auf nationaler oder EU-Ebene steuern, z.B. durch Stickstoffabgaben. Da jedoch durchgreifende Änderungen auf dieser Ebene mittelfristig nicht zu erwarten sind, müssen die lokalen Steuerungsmöglichkeiten zügig und vollständig ausgenutzt werden."

Eine Beeinflussung des Schutzgebietes geht auch von den zahlreichen Besuchern aus. Durch die Anlage und Unterhaltung von ausgeschilderten Wegen können die Besucher die meisten Bereiche des Gebietes erreichen, werden aber von den empfindlichen Flächen ferngehalten. Hierzu dienen auch Zäune an den Gewässerufern und um einige Kolke. Neben den Wegen unterstützt auch der hohe Grundwasserstand die Lenkung der Besucher. Durch Informationsangebote (Ausstellung, Tafeln, Diaschau) am Eingang des Gebietes wird für eine Sensibilisierung gegenüber den Schutzzielen und -maßnahmen gesorgt. Eine nicht zu unterschätzende (psychologische) Schutzfunktion hat die ständige Präsenz von Personal und Kursteilnehmern im Gebäude der Außenstelle.

8.4 Perspektiven

Wichtigstes Ziel der weiteren Bemühungen um den Erhalt der Lebensgemeinschaften dieses einzigartigen Naturschutzgebietes muss die Schaffung einer geschlossenen Pufferzone um das gesamte Gebiet sein. Nur dadurch kann eine wirksame Reduzierung der Stoffeinträge in die von nährstoffarmen Bedingungen abhängigen Lebensgemeinschaften erreicht werden. Eine Verringerung der Einträge durch die Luft wird nur bedingt möglich sein, da die Emissionsquellen meist in größerer Entfernung liegen. Für die Pufferzone muß ein Pflege- und Entwicklungsplan erstellt werden, dessen wichtigste Zielvorgabe die Verhinderung von Stoffeinträgen in das Naturschutzgebiet sein muss.

Da Schadstoffeinträge, insbesondere von Schwermetallen, eine große und in ihren weitreichenden Auswirkungen noch nicht abzuschätzende Gefährdung darstellen, müssen auch die Reduzierung der Schadstoffbelastung der Meerbecke und die Reduzierung der Stoffeinträge durch die Landstraße L 504 angestrebt werden.

NATURSCHUTZ

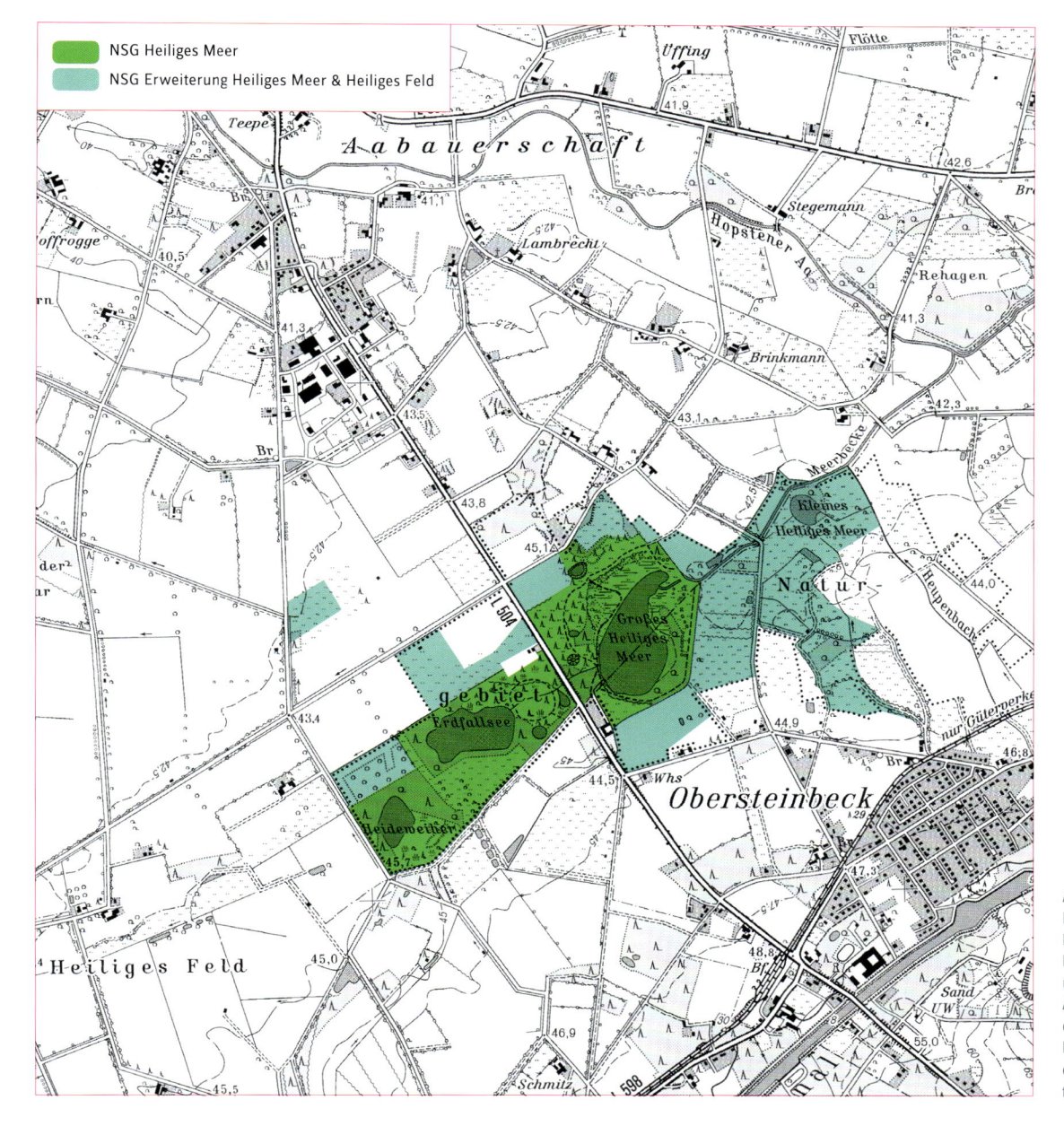

Abb. 94:
Lage der Naturschutzgebiete Heiliges Meer (grün), Erweiterung Heiliges Meer und Heiliges Feld (rot), Abdruck des Auszuges aus dem Messtischblatt 3611 Hopsten mit Genehmigung des Landesvermessungsamtes Nordrhein-Westfalen.

NATURSCHUTZ

Abb. 95:
Rundweg durch die Heide.

9. Erholung und Tourismus

Die Intensivierung der Landwirtschaft hat insbesondere im Zusammenhang mit Flurbereinigungsverfahren zu einer Landschaft geführt, die durch große Anbauflächen, gerade Gräben, Bäche und Wege und der Abnahme von gliedernden und belebenden Elementen gekennzeichnet ist. Der sinkende Erholungswert einer solchen Agrarlandschaft und die zunehmenden Freizeitaktivitäten der Menschen vergrößern den Nutzungsdruck auf die letzten naturnahen Räume. Als attraktives Restgebiet einer teilweise ursprünglichen Natur besitzt das Naturschutzgebiet Heiliges Meer einen hohen Freizeitwert. Untersuchungen im Zeitraum von 1974 bis 1979 zeigten, dass jährlich über 10.000 Besucher das Naturschutzgebiet aufsuchen. Da der negative Einfluss von Besuchern in vielen Naturschutzgebieten festgestellt worden ist (vgl. PLACHTER 1991), wurde im Naturschutzgebiet Heiliges Meer in den Jahre 1988/89 eine Untersuchung zum Einfluss des Besucherverkehrs durchgeführt (VERHEYEN 1990). Diese Untersuchung sollte durch Befragung der Besucher auch Hinweise für die Lösung eines besonderen Problems des Naturschutzgebietes liefern: einerseits ist ein möglichst enger Kontakt der Besucher mit der Natur erwünscht (Förderung des Naturverständnisses, Identifikation mit den Schutzzielen, Verständnis für Verbote), andererseits kann die Belastung gerade der letzten naturnahen Lebensräume nicht toleriert werden.

Um eine mögliche Eutrophierung durch die Besucher nachzuweisen, wurden im Schutzgebiet Stickstoffzeigerpflanzen kartiert, und zwar Gewöhnlicher Giersch (*Aegopodium podagraria*), Kletten-Labkraut (*Galim aparine*), Weiße Taubnessel (*Lamium album*), Stumpfblättriger Ampfer (*Rumex obtusifolitus*), Vogel-Sternmiere (*Stellaria media*) und Große Brennessel (*Urtica dioica*). Als Beispiel für die Verbreitung dieser Arten ist in Abb. 96 die Große Brennessel ausgewählt worden. Mit Ausnahme von Einzelpflanzen konnten keine dieser Stickstoffzeigerpflanzen im Inneren des Schutzgebietes nachgewiesen werden. Schwerpunkte der Vorkommen waren die Umgebung der Außenstelle, die Ränder der Landstraße und die Grenzstreifen zu den Ackerflächen.

Trittbelastungen hatten jedoch einen erheblichen Einfluss besonders auf die feuchten Uferbereiche der Gewässer in der Nähe der Wege, so dass teilweise die Ufervegetation völlig vernichtet war. Nach der Einzäunung ausgewählter Bereiche wurde eine sofort einsetzende Regeneration der Vegetation an diesen Stellen festgestellt. Weitere Beeinträchtigungen der Vegetation sind Trittschäden entlang der Wege in den Heideflächen. Auf einem 10-30 cm breiten Streifen rechts und links der Wege ist die Besenheide weggetreten und durch eine Grasflur ersetzt.

Eine Befragung der Besucher (190 Personen) ergab, dass knapp 70 % in einem Umkreis von nur 20 km wohnt, aber selbst 100 km und mehr wurden zurückgelegt. Rund ein Drittel kommt regelmäßig zu einem Spaziergang ins Schutzgebiet. Die größte Zahl gehört jedoch zu den seltenen Besuchern, wodurch eine umfassende Information über die Schutzziele und die sich daraus ableitenden Verhaltensregeln im Gebiet besonders notwendig ist. Zu den wichtigsten Motiven eines Be-

ERHOLUNG UND TOURISMUS

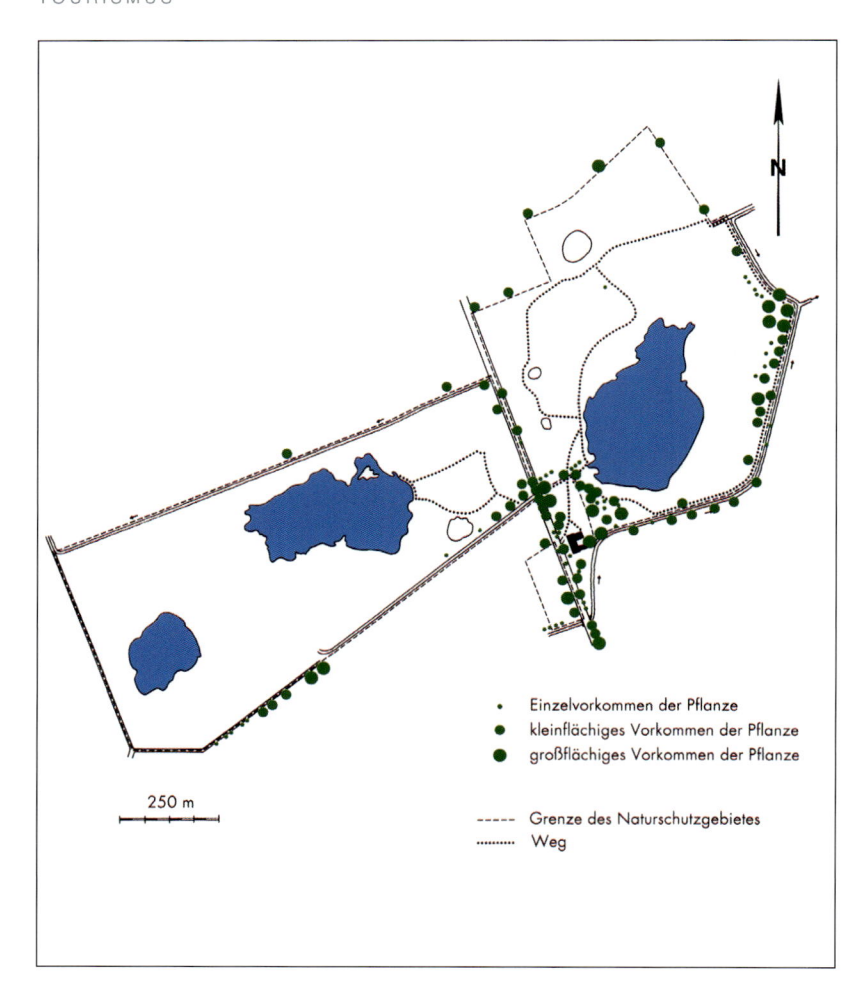

suches gehörten „Naturliebe", „schöne Landschaft", „Erholung und Entspannung" und „Bewegung". Etwa die Hälfte der Befragten war mit den Maßnahmen und Regelungen im Naturschutzgebiet einverstanden. Bei den Wünschen und Anregungen stand eine „bessere Zugänglichkeit der übrigen Flächen", insbesondere der Gewässerufer, an erster Stelle. Häufig wurde auch eine bessere Pflege, z.B. umgefallene Bäume zu beseitigen, (Verwechslung von Ordnung und Sauberkeit mit Naturschutz), eine bessere Beschilderung (z.B. als Lehrpfad) und das Aufstellen von Sitzbänken genannt.

Insgesamt haben die Besucher nur einen geringen negativen Einfluss auf die Lebensgemeinschaften des Naturschutzgebietes. Die Befragungen machen jedoch deutlich, dass neben einer Information über die Fauna, Flora und Geologie des Gebietes auch die Schutzziele, die Maßnahmen und die Gefährdungen ausführlich dargestellt werden müssen. Bei einer entsprechenden Information kann eher von einem Verständnis für die restriktiven Maßnahmen zum Erhalt der Natur ausgegangen werden, und es wird dadurch die Bereitschaft erhöht, sich rücksichtsvoll zu verhalten.

Abb. 96:
Vorkommen der Großen Brennessel im Naturschutzgebiet und seiner unmittelbaren Umgebung (nach VERHEYEN 1990).

10. Außenstelle „Heiliges Meer"

10.1 Infrastruktur

Die Biologische Station ist eine Einrichtung des Landschaftsverbandes Westfalen-Lippe und wird als Außenstelle des LWL-Museums für Naturkunde – Westfälisches Landesmuseum mit Planetarium in Münster betrieben. Durch die 1961 neu errichtete und 1989/1990 erweiterte Außenstelle bestehen ausgezeichnete Voraussetzungen für Forschungs- und Lehrtätigkeiten (ANT 1974, FRANZISKET 1974).

Das Gebäude bietet Übernachtungsmöglichkeiten für 32 Personen, zumeist in 2- und 3-Bett-Zimmern. Im Erd- und im Dachgeschoss befinden sich Toiletten und Duschen. Ein Seminar- und Kursraum ist ebenfalls mit 32 Arbeitsplätzen ausgestattet. Das hydrobiologische Labor ist für einfache Gewässeranalysen und für biologische Untersuchungen ausgestattet. In der Bibliothek sind weitere Arbeitsplätze vorhanden. Außerdem sind im Gebäude zwei Büroräume untergebracht.

Die Ausstattung der Außenstelle „Heiliges Meer" ist auf die Durchführung von ökologischen, insbesondere limnologischen Kursen ausgerichtet. Hierzu gehören Messgeräte, Probenahmegeräte (u.a. Planktonnetze) und Boote auf dem Großen Heiligen Meer und dem Erdfallsee. Im Seminarraum sind für jeden Arbeitsplatz ein Kurs-Mikroskop und ein Stereomikroskop vorhanden. Zur Demonstration von mikroskopischen Objekten dient ein Mikroskop mit Videokamera und drei großen Bildschirmen. Für Dokumentationszwecke gibt es ein Mikroskop mit Fotoaufsatz. Die Bibliothek bietet grundlegende Bestimmungsliteratur (für jeden Arbeitsplatz) sowie weiterführende ökologische und Bestimmungsliteratur. Für Bestimmungsübungen und Demonstrationen stehen ein Schauherbar, eine Insekten- und eine Molluskensammlung zur Verfügung. In einer Vitrine sind Fossilien aus dem Zechstein und dem Oberkarbon des Ibbenbürener Plateaus ausgestellt. Die Geologie der Einbruchzone ist in einem großen geologischen Profil veranschaulicht.

Die Ausrüstung der Außenstelle wird auch für wissenschaftliche Untersuchungen genutzt. Seit Bestehen der Biologischen Station wurden zahlreiche ökologische Forschungsarbeiten durchgeführt, die von der unmittelbaren Nähe ihrer Untersuchungsobjekte und den Unterkunfts- und Arbeitsmöglichkeiten profitierten.

Abb. 97:
Seminarraum in der Außenstelle "Heiliges Meer".

10.2 Naturraumvoraussetzung

Die Naturraumvoraussetzungen für eine Vielzahl verschiedener Kursthemen ebenso wie für wissenschaftliche Untersuchungen sind günstig. Der wichtigste Vorteil besteht in der unmittelbaren Nähe von Kursgebäude und Naturschutzgebiet. Hierdurch ist die Untersuchung verschiedener, vor allem nährstoffarmer Lebensräume und ihrer Tier- und Pflanzenwelt begünstigt. In der näheren Umgebung bieten sich aber zusätzliche Möglichkeiten für Untersuchungen und Demonstrationen. Damit ist insbesondere der Vergleich zwischen den relativ ursprünglichen bzw. halbnatürlichen und nährstoffarmen Lebensräumen des Naturschutzgebietes mit stärker vom Menschen beeinflussten nährstoffreichen Lebensräumen möglich. Die Anzahl an Waldtypen vergrößert sich bei Berücksichtigung der Wälder des nahe gelegenen Teutoburger Waldes. Es kann auch ein breites Spektrum mittlerweile seltener Lebensräume gezeigt werden, zum Beispiel Moore (NSG Recker Moor) und großflächige Feuchtwiesen (u.a. NSG Halverder Aa-Niederung). Durch Entnahme von Torfproben aus unterschiedlichen Tiefen kann mit Hilfe der Pollenanalyse die Entwicklungsgeschichte des Moores rekonstruiert werden. Eine wichtige und regelmäßig genutzte Ergänzung der Untersuchungen der Stillgewässer im Naturschutzgebiet ist der Vergleich mit den Fließgewässern in der näheren Umgebung. Die Erfassung der Makroorganismen und die Bestimmung der Gewässergüte werden an der Recker Aa (bzw. Hopstener Aa, siehe REHAGE 1985) durchgeführt, aber auch die Meerbecke und der Heupenbach (ein Zufluss der Meerbecke) werden einbezogen.

10.3 Kursangebot

Die Kursangebote der Außenstelle und ihre Infrastruktur wurden bis 1985 hauptsächlich von Schulen, Universitäten und naturwissenschaftlichen Vereinen wahrgenommen. Seit 1986 wurde das Kursangebot für offene Gruppen ausgeweitet.

85 % der Kurse behandeln limnologische Themen, die Schülerkurse sind fast ausschließlich limnologisch ausgerichtet. Im Rahmen der Erwachsenenbildung bietet die Außenstelle für verschiedene Zielgruppen Veranstaltungen zu unterschiedlichen Themen an. Zum allgemeinen Programm gehören viertägige Kurse, die bisher, zum Teil in jedem Jahr, zu folgenden Themen durchgeführt wurden, z.B.

Abb. 98: Hopstener Aa.

- Avifaunistischer Kurs
- Gräserkurs
- Amphibien- und Reptilienkurs
- Planktonkurs
- Insektenkurs
- Säugetierkurs
- Flechtenkundlicher Kurs
- Mooskundlicher Kurs
- Pilzkundlicher Kurs

Für spezielle Zielgrupen, z.T. aus Verwaltungen und Ämtern, wurden u.a. Kurse zu folgenden Themen durchgeführt:

- Ökologie, Schwerpunkt Limnologie der Stillgewässer
- Ökologie, Schwerpunkt Belastung von Fließgewässern
- Kleingewässerseminar
- Mauernseminar
- Heckenseminar
- Moorseminar
- Seminar zur Ökologie künstlicher Wasserstraßen

Wichtigstes Ziel der Kurse in der Außenstelle ist die Vermittlung ökologischer Grundkenntnisse. Hierbei werden sowohl die verschiedenen Ökosysteme und ihre abiotischen und biotischen Komponenten im Rahmen von Exkursionen vorgestellt als auch die Wirkungsbeziehungen zwischen den einzelnen Teilen der Ökosysteme beispielhaft verdeutlicht. Da zur Beurteilung einer Landschaft oder eines Landschaftsausschnittes die Kenntnis von Tier- und Pflanzenarten eine wichtige Voraussetzung ist, liegt ein Schwerpunkt aller Kurse auf der Vermittlung von Artenkenntnissen. Durch das aktive Erfahren einer naturnahen Landschaft soll umweltbewusstes Denken und Handeln gefördert werden.

Abb. 99:
Bergung eines Torfprofils im Recker Moor.

Abb. 100:
Recker Moor.

11. Literatur

Ant, H. (1963): Liste der bisher im Naturschutzgebiet „Heiliges Meer" und seiner näheren Umgebung sowie am Uffelner Kalkberg festgestellten Land- und Süßwassermollusken. - Natur und Heimat 23: 74-76.

Ant, H. (1974): Die biologische Station „Heiliges Meer" bei Hopsten (Westfalen) als Forschungs- und Lehrstätte. - Natur und Landschaft 49: 134-138.

Bangert, U. & I. Kowarik (2000): Naturschutzplanung für das NSG „Heiliges Meer" und die umgebende Agrarlandschaft (Kreis Steinfurt, Nordrhein-Westfalen). - Abh. Westf. Mus. Naturkunde Münster 62 Beiheft: 273-397.

Barth, E. (2002): Vegetations- und Nährstoffentwicklung eines nordwestdeutschen Stillgewässers unter dem Einfluss von Landschafts- und Siedlungsgeschichte - Paläoökologische Untersuchungen an dem Erdfallsee „Großes Heiliges Meer". - Abh. Westf. Mus. Naturkunde Münster 64(2/3): 1-216.

Bernhardt, K.-G. & Schröpfer, R. (1992): Einfluß des Bisams auf die Vegetation. - Naturschutz u. Landschaftsplanung 24: 20-26.

Beyer, H. (1934): Die Tierwelt des Naturschutzgebietes „Heiliges Meer". - Natur und Heimat Sonderheft 1: 14-16.

Beyer, H. (1938): Aus der Odonatenfauna Westfalens. - Natur und Heimat 5: 53-56.

Beyer, H. (1956): Libellenfunde im Naturschutzgebiet „Heiliges Meer" bei Hopsten. - Natur und Heimat 16: 27-29.

Beyer, H. (1968): Versuche zur Erhaltung der Heideflächen durch Heidschnucken im Naturschutzgebiet „Heiliges Meer". - Natur und Heimat 28: 145-149.

Beyer, H. (1969): Die Gewässer des Naturschutzgebietes „Heiliges Meer", ihre Entstehung und Erhaltung. - Naturkunde in Westfalen 5: 123-126.

Beyer, H. (1973): Naturschutzgebiet „Heiliges Meer". - Der Kreis Tecklenburg, Konrad Theiss -Verlag, Stuttgart, Aalen : 49-53.

Blom, H.-J. (1973): Faunistisch-ökologische Untersuchungen zur Tardigradenfauna des „Großen Heiligen Meeres". - Staatsexamensarbeit, Univ. Münster : 43 S.

Borchert, R. & Wittig, R. (1990): Artenkombination und Standorte des Rhynchosporetum in der Westfälischen Bucht (Nordrhein-Westfalen, B.R. Deutschland). - Acta Biol. Benrodis 2: 1-18.

Buchholz, S. & M. Kreuels (2005): Die Spinnen (Arachnida: Araneae) im Naturschutzgebiet „Heiliges Meer" - eine vorläufige Artenliste. - Natur und Heimat 65: 97-112.

Budde, H. (1942a): Die Benthale Algenflora, die Entwicklungsgeschichte der Gewässer und die Seentypen im Naturschutzgebiet Heiliges Meer. - Archiv für Hydrobiologie 39: 189-293.

Budde, H. (1942b): Die Algenflora Westfalens und der angrenzenden Gebiete. - Decheniana 101 AB: 131-214.

Bussmann, M. (2004): Die Heuschreckenfauna (Insecta: Ensifera et Caelifera) des Naturschutzgebietes Heiliges Meer und seiner unmittelbaren Umgebung. - Natur und Heimat 64: 97-112.

Chen, S. (2008): Erstfunde von *Ceriagrion tenellum* (de Villers, 1789) (Späte Adonislibelle) und *Erythromma lindenii* (Sélys, 1840) (Pokal-Azurjungfer) im NSG „Heiliges Meer". - Natur und Heimat 68: 26-28.

Dahlstrom, L. (2004): Untersuchungen zur Wildbienenfauna (Hymenoptera: Aculeata: Apidae) im Naturschutzgebiet „Heiliges Meer" (Kreis Steinfurt). - Natur und Heimat 64: 37-46.

Daniels, F.J.A. (1991): Zur Bedeutung von Totholz für Moose und Flechten. - Naturschutzzentrum NRW, Seminarberichte Heft 10: 10 - 13.

Ditt, K. (1992): Natur wird Kulturgut. Das Provinzialmuseum für Naturkunde in Münster 1892 bis 1945. - Abh. Westf. Mus.Naturk. Beiheft 54: 5-50."

Dolle, R. (1933): Die Sage vom Heiligen Meer bei Hopsten in der Ortsüberlieferung, in der Romantik und im Lichte der Geschichte. - Ibbenbürener Vereinsdruckerei.

DÖLLING, M. & R. STRITZKE (2009): Geowissenschaftliche Untersuchungen im Subrosionsgebiet des „Heiligen Feldes" (nördliches Münsterland, Nordwestdeutschland). - Geologie und Paläontologie in Westfalen 72: 31-69.

DÖRING-MEDERAKE, U. (1991): Feuchtwälder im nordwestdeutschen Tiefland: Gliederung - Ökologie - Schutz. - Scripta Geobotanica 19.

EHLERS, H. (1965): Über das Plankton des Großen Heiligen Meeres und des Erdfallsees bei Hopsten. - Abh. Landesmus. Naturkde. Münster 27: 1-20.

EHLERS, H. (1966): Über neue Planktonfunde im Großen Heiligen Meer und im Erdfallsee bei Hopsten (Westf.). - Natur und Heimat 26: 6-9.

ELLENBERG, H. (1989): Eutrophierung - das gravierendste Problem im Naturschutz? Zur Einführung. - NNA-Berichte 2/I: 4-13.

ENGEL, H. (1940): Die Pilze des Naturschutzgebietes „Heiliges Meer". - Abh. Landesmus. Naturkde. Münster 11: 41-48.

FALTER, A. & F. KRIEGSMANN (1937): Vogelbeobachtungen in Westfalen II. - Natur und Heimat 4: 30-32.

FALTER, A., GOETHE, F. & KRIEGSMANN, F. (1935): Vogelbeobachtungen in Westfalen I. - Natur und Heimat 2: 114-116.

FIEKER, J. (2004): Zur Entwicklung der Chironomidenbiozönose im „Großen Heiligen Meer" - Analyse von Sedimentkernen - Dipl.-Arb. Univ. Münster: 84 S.

FLÖSSNER, D. (2005): Kurzmitteilung: Erstfund von *Tretocephala ambigua* (Lilljeborg 1901) im Großen Heiligen Meer bei Hopsten (Cladocera: Chydoridae). - Natur und Heimat 65: 128.

FRANZISKET, L. (1974): Die biologische Station im NSG „Heiliges Meer". Forschungs- und Lehrstätte für landschaftsgebundene Naturkunde. - Natur und Landschaft 49: 130-133.

FRANZISKET, L. (1974): Die Bedeutung von Schutzgebieten für die Bildung. - Jb. Natursch. Landschaftspflege 23: 90-93.

GRAEBNER, P. (1930): Die Pflanzengesellschaften des NSG „Heiliges Meer" bei Hopsten. - Abh. Westf. Prov. Mus. Naturk. 1: 137-150.

GREVEN, H., BLOM, H.-J. (1977): *Isohypsibius granulifer* THULIN 1928 - ein neuer Tardigrade für Deutschland. - Decheniana 130: 128-130.

GRIEBEL, R. (2000): Raum-Zeit-Struktur physikochemischer Parameter am Beispiel des Heideweihers im NSG „Heiliges Meer" unter besonderer Berücksichtigung der Vegetation. - Dipl.-Arbeit Univ. Hannover: 226 S.

GRIES, B. & W. OONK (1975): Die Libellen (Odonata) der Westfälischen Bucht. - Abh. Landesmus. Naturkunde Münster 37(1): 1-36.

HAGEMANN, B., R. POTT & J. PUST (2000): Bedeutung der Vegetation für Stillgewässer-Ökosysteme, Trophiedifferenzierung und Trophieentwicklung im Naturschutzgebiet „Heiliges Meer" (Kreis Steinfurt, Nordrhein-Westfalen). - Abh. Westf. Museum Naturkunde Münster 62, Beiheft: 173-271.

HALLEKAMP, S. (1992): Vegetationsökologische Untersuchungen der Heiden und Grasfluren des Naturschutzgebietes „Heiliges Meer" bei Hopsten. - Dipl.-Arbeit, Univ. Münster : 86 S.

HARENGERD, M., KÖLSCH, G.& KÜSTERS, K. (1990): Dokumentation der Schwimmvogelzählung in der Bundesrepublik Deutschland 1966 -1986. - Schriftenreihe des DDA Nr. 11, Kilda-Verlag, Greven.

HASSE, F. (1994): Gewässerökologie und vegetationskundliche Untersuchungen zur Eutrophierung des Grund- und Oberflächenwassers von pleistozänen Sandlandschaften - Beispiel NSG Heiliges Meer. - Dipl.-Arbeit, Univ. Hannover: 147 S.

HEELE-BÖKENKÖTTER, E. (2007): Untersuchung des Meiobenthos an ausgewählten Stillgewässern des Naturschutzgebietes „Heiliges Meer" unter besonderer Berücksichtigung der Nematoda. - Bachelorarbeit, Univ. Bielefeld: 58 S.

HELM, S. (2008): Schilfrückgang am Großen Heiligen Meer (Kreis Steinfurt, NRW) unter dem Einfluss des Bisams (*Ondatra zibethicus*). - Natur und Heimat 68: 97-108.

HENDRICKS, A. (1992): Geschichte des Westfälischen Museums für Naturkunde 1945-1992. - Abh. Westf. Mus. Naturk. Beiheft 54: 51-99.

HERRMANN, M. (2004): Einfluss der Vegetation auf die Beschaffenheit des oberflächennahen Grundwassers im Bereich von Heide, Wald und landwirtschaftlichen Nutzflächen. – Abh. Westf. Museum für Naturkunde Münster 66(2): 1-166.

HERRMANN, M. & J. PUST (2003): Die Einflussnahme von Waldstrukturen auf die Regenwasserbeschaffenheit im Naturschutzgebiet „Heiliges Meer" (Kreis Steinfurt. - Abhandl. Westf. Mus. Naturkunde Münster 65(1/2): 59-70.

HOFMANN, K. (2001): Standortökologie und Vergesellschaftung der *Utricularia*-Arten Nordwestdeutschlands. - Abh. Westf. Mus. Naturkunde Münster 63(1): 3-106.

HOLLWEDEL, W. (1968): Cladoceren (Wasserflöhe) im NSG „Heiliges Meer" und im „Kleinen Heiligen Meer" bei Hopsten. - Natur und Heimat 28: 17-25.

HOLLWEDEL, W. & H. TERLUTTER (2003): Zur Verbreitung der Cladoceren in den Gewässern des Naturschutzgebietes „Heiliges Meer", Kreis Steinfurt (Westfalen). - Drosera 2003 : 51-64.

HUNSCHE, F.E. (1975): Drevanameri - das „Heilige Meer" bei Hopsten. - Der Tecklenburger vom 11.1.1975.

HUSTINGS, M.F.h., R.G.M. KWAK, P.F.M. OPDAM & M.J.S.M. REIJNEN (1989): Vogelinventarisatie: achtergronden, richtlijnen en verslaglegging. - Natuurbeheer in Nederland 3: Wageningen.

JAHN, H. (1954): Zur Pilzflora des Naturschutzgebietes „Heiliges Meer". - Natur und Heimat 14: 97-115.

JAHN, H. (1957): Nachtrag zur Pilzflora des Naturschutzgebietes „Heiliges Meer". - Natur und Heimat 17: 108-111.

JAHN, R. & PATZLAFF, M. (1967): Moose im Teichröhricht des Großen Heiligen Meeres. - Natur und Heimat 27: 112-113.

JUNK, W. (1934): Beobachtungen an der Moor-Thekamöbe *Bullina indica* Penard. - Abh. Westf. Prov. Mus. Naturkd. Münster 5(2): 9-16.

KAPLAN, K. (1993): Heideweihergefährdung durch Immissionen. - LÖLF-Mitteilungen 1/1993: 10-17.

KAPLAN, K. (1999): Ausdauernde Samenbanken - eine Chance für die Entwicklung nährstoffarmer Feuchtbiotope. - Schriftenreihe Westf. Amt f. Landes- u. Baupflege, Beitr. zur Landespflege 15: 73-84.

KAUSCH, W & BRÜCK, H. (1985): Die Pflanzengesellschaften einer Flachsenke im Naturschutzgebiet „Heiliges Meer". - Natur und Heimat 45: 33-40.

KEMPER, H. (1930): Beitrag zur Fauna des Großen und Kleinen Heiligen Meeres und des Erdbruches bei Hopsten. - Abh. Westf. Prov. Mus. Naturkd. 1: 125-135.

KLOCKE, E. (1892): Zur Cladocerenfauna Westfalens. - Jahresber. Zool. Sekt. Westf. Prov.Vereins für Wiss. u. Kunst für 1891 : 64-76.

KLOCKE, E. (1894): Die Winterfauna des Heiligen Meeres. - Jahresber. Zool. Sekt. Westf. Prov. Vereins für Wiss. u. Kunst für 1893 : 129-130.

KNOBLAUCH, G. (1956): Die Vögel des Naturschutzgebietes „Heiliges Meer". - Natur und Heimat 16: 79-84.

KNOBLAUCH, G. (1980): Die Vogelwelt des Naturschutzgebietes „Heiliges Meer". - Kilda-Verlag, Greven.

KOHN, J. (1992): Diasporenpotential und Vegetation unterschiedlich beeinträchtigter Heideweiher. - Dipl.-Arbeit Univ. Bochum: 130 S.

KOPPE, F. (1931): Die Moosflora des Naturschutzgebietes „Heiliges Meer" bei Hopsten. - Abh. Westf. Prov. Mus. Naturkunde, Münster 2: 103-120.

KOPPE, F. (1955): Nachträge zur Moosflora des Naturschutzgebietes „Heiliges Meer" bei Hopsten. - Natur und Heimat 15: 114-115.

KOPPE, F. (1956): Die Moosflora einer Mauer an der Biologischen Station am „Heiligen Meer" bei Hopsten. - Natur und Heimat 16: 17-19.

KOPPE, F. (1959): Das Laubmoos *Orthodontium germanicum* in Westfalen. - Natur und Heimat 19: 9-13.

KOSTE, W. (1970): Über eine parasitische Rotatorienart *Albertia reichelti* nov. spec. - Zool. Anz. 184: 428-434.

KOSTE, W. (1972): Über zwei seltene parasitische Rotatorienarten *Dilophaga bucephala* Vesdovky und *Proales gigantea* (Glascott). - Osnabrücker Naturw. Mitt. 1: 149-158.

Koste, W. & H. Terlutter (2001): Die Rotatorienfauna einiger Gewässer des Naturschutzgebietes „Heiliges Meer" im Kreis Steinfurt. - Osnabrücker Naturwiss. Mitt. 27: 113-177.

Koth, W. (1968): Insektenbestandsaufnahmen in der Uferzone des Erdfallsees im NSG „Heiliges Meer" Kr. Tecklenburg. - Natur und Heimat 28: 138-140.

Kreis Steinfurt (Hrsg.) (1980): Naturschutzgebiet Heiliges Meer. - Unterwegs im Kreis Steinfurt: 168-175.

Kriegsmann, F. (1938): Produktionsbiologische Untersuchung des Pelagials des Großen Heiligen Meeres unter besonderer Berücksichtigung seines Eisenhaushaltes. - Abh. Landesmus. Naturkunde Münster 9: 1-106.

Kroker, H (1986): Coleoptera Westfalica: Familia Chrysomelidae (ohne Unterfamilie Alticinae). - Abh. Westf. Mus. Naturk. 48(4): 3-121.

Lamprecht, W. & Sommer, U. (1993): Limnoökologie. - Thieme Verlag, Stuttgart.

Lehnhardt, B. (1982): Die jahreszeitlich bedingten qualitativen und quantitativen Veränderungen des Phytoplanktons in einem stehenden Gewässer. - Staatsexamensarbeit Univ. Münster : 290 S.

Lethmate, J. (2005): Stickstoff-Regen - ein globales Eutrophierungsexperiment. - Biol. in unserer Zeit 35: 108-117.

Lindenschmidt M. & Rehage, H.-O. (1982): Ein neuer Erdfall in Hörstel, Kreis Steinfurt, aus dem Jahre 1980. - Natur und Heimat 42: 47-51.

Lotze, F. (1951): Die Grundwasserverhältnisse in den Naturschutzgebieten am Heiligen Meere. - Natur und Heimat 11: 97-99.

Lotze, F. (1956): Zur Geologie der Senkungszone des Heiligen Meeres (Kr. Tecklenburg). - Abh. Landesmus. Naturkde. Münster 18: 1-36.

Mücke, G. (1978): Ökologische Untersuchungen der Ciliaten in Gewässern des Naturschutzgebietes Heiliges Meer unter besonderer Berücksichtigung zönologischer Gesichtspunkte. - Diss. Univ. Bonn : 147 S.

Mügge, I. (1984): Limnologische Untersuchungen am Großen Heiligen Meer während des Winters. - Staatsexamensarbeit, Univ. Münster : 140 S.

Muhle, H. (1966): Die Flechte *Cladonia rappii* Evans neu in Westfalen. - Natur und Heimat 26: 74-76.

Müller, M. (1971): Zur Hirudineenfauna des Naturschutzgebietes Heiliges Meer bei Hopsten, Kreis Tecklenburg. - Abh. Landesmus. Naturk. Münster 33(1): 1-15.

Müller-Temme, E. (1986): Begleittext zum Doppelblatt: Niederschläge in raum-zeitlicher Verteilung. - Geogr.-landeskundl. Atlas von Westfalen, Lief. 2, Doppelblatt 2, Aschendorff-Verlag Münster.

MURL (1989): Das Feuchtwiesen-Schutzprogramm Nordrhein-Westfalen. Ministerium für Umwelt, Raumordnung und Landwirtschaft des Landes Nordrhein-Westfalen, Düsseldorf.

Nilsson, L. (1978): Breeding waterfowl in eutrophicated lakes in South Sweden. - Wildfowl 29: 101-110.

Noll, E. & H.O. Rehage (1981): Landschaft im Umbruch. - Ein Ausflug ins Moor. - Geographie heute 1.

Odum, E.P. (1980): Grundlagen der Ökologie. - Thieme Verlag, Stuttgart.

Opalka, B. (1977): Untersuchungen zum Anaerobiose-Stoffwechsel der Larven von *Chaoborus crystallinus* De Geer. - Diplom-Arbeit, Univ. Münster : 54 S.

Peterson, H. (ed.) (1982): Quantitative ecology of microfungi and animals in soil and litter. - Oikos 39: 287-388.

Poelmann, H. (1934): Geologisches vom Naturschutzgebiet Heiliges Meer. - Natur und Heimat, Sonderheft 1: 6-10.

Pott, R. (1983): Die Vegetationsabfolgen unterschiedlicher Gewässertypen Nordwestdeutschlands und ihre Abhängigkeit vom Nährstoffgehalt des Wasser. - Phytocoenologia 11(3): 407-430.

Pott, R. (Hrsg.) (2000): Ökosystemanalyse des Naturschutzgebietes „Heiliges Meer" (Kreis Steinfurt). Interaktionen zwischen Still- und Fließgewässern, Grundwasser und Vegetation sowie Landnutzung und Naturschutz. - Abh. Westf. Museum Naturkunde Münster 62/Beiheft.

POTT R., J. PUST & K. HOFMANN (1996): Trophiedifferenzierung von Stillgewässern im Naturschutzgebiet „Heiliges Meer" und deren Auswirkungen auf die Vegetation - erste Ergebnisse. - Abh. Westf. Museum Naturkunde Münster 58(2): 1-60.

PUST, J. (1993): Erste Ergebnisse zur Untersuchung der Grundwasserverhältnisse im Naturschutzgebiet „Heiliges Meer" (Kreis Steinfurt). - Abh. Westf. Mus. Naturkunde 55(2): 1-80.

PUST, J. & B. HAGEMANN (1999): Hochwasserphasen und ihre Folgen für Gewässerökosysteme am Beispiel des Naturschutzgebietes „Heiliges Meer", Krs. Steinfurt. - Natur und Heimat 59: 77-86.

PUST, J., B. HAGEMANN & R. POTT (1997): Winterliche Grundwasserdynamik und deren Beeinflussung durch die Ufervegetation am Beispiel des Erlenbruchwaldes am Großen Heiligen Meer, Krs. Steinfurt. - Natur und Heimat 57: 53-63.

PUST, J. & H.O. REHAGE (1995): Neuer Fund von Schnurwürmern (Nemertini) aus dem NSG „Heiliges Meer" bei Hopsten, Kreis Steinfurt. - Natur und Heimat 55: 69-70.

REHAGE, H.-O. (1985): Beitrag zur Makroinvertebratenfauna und zur Wassergüte der Hopstener Aa. - Natur und Heimat 45: 17-20.

REHAGE, H.-O. (2008): Neubürger in der Tierwelt des Naturschutzgebietes „Heiliges Meer" bei Hopsten und Recke (Kreis Steinfurt). - Natur und Heimat 68: 13-25.

REHAGE, H.-O. & SPÄH, H. (1979): Asseln (Isopoda) und Doppelfüßler (Diplopoda) aus dem NSG Heiliges Meer bei Hopsten in Westfalen. - Natur und Heimat 39: 119-125.

REHAGE, H.-O. & H. TERLUTTER (2002): Beitrag zur Kenntnis der Molluskenfauna des NSG „Heiliges Meer" und seiner Umgebung (Krs. Steinfurt). - Natur und Heimat 62: 49-56.

REHAGE, H.-O. & H. TERLUTTER (2003): Die Käfer des Naturschutzgebietes „Heiliges Meer". - Abhandl. Westf. Mus. Naturkunde Münster 65(1/2): 203-246.

REISINGER, E. (1938): Cladoceren, Turbellarien und Nemertinen aus dem Naturschutzgebiet „Heiliges Meer". - Natur und Heimat 5: 58-59.

RENSCH, B. (1940): Neunachweis der Gelbhalsmaus für Westfalen. Mit Bemerkungen über einige andere Kleinsäuger. - Natur und Heimat 7: 1-3.

RUNGE, A. (1974): Nachtrag zur Pilzflora des Naturschutzgebietes „Heiliges Meer" bei Hopsten, Kreis Tecklenburg. - Natur und Heimat 34: 33-41.

RUNGE, A. (1992): Veränderungen der Pilzflora im Naturschutzgebiet „Heiliges Meer" (Westfalen) in den letzten 50 Jahren. - Zeitschrift für Mykologie 58: 99-112.

RUNGE, F. (1957): Die Flora des Naturschutzgebietes „Heiliges Meer" bei Hopsten und ihre Änderungen in den letzten 60 Jahren. - Natur und Heimat 17: 74-96.

RUNGE, F. (1959): Ein neuer Erdfall bei Hopsten. - Natur und Heimat 19: 94-96.

RUNGE, F. (1967): Weitere Änderungen der Flora des Naturschutzgebietes „Heiliges Meer" bei Hopsten. - Natur und Heimat 27: 129-135.

RUNGE, F. (1967a): Vegetationsschwankungen im Rhynchosporetum. - Mitt. Flor.-soziol. Arbeitsgem. N.F. 11/12: 49-53.

RUNGE, F. (1969b): Die Verlandungsvegetation in den Gewässern des Naturschutzgebietes „Heiliges Meer". - Naturk. in Westf. 2: 89-95.

RUNGE, F. (1969c): Vegetationsänderungen in einer aufgelassenen Wiese. - Mitt. Flor.-soziol. Arbeitsgem. N.F. 14: 287-290.

RUNGE, F. (1974a): Schwankungen der Vegetation nordwestdeutscher Heideweiher. - Abh. Naturw. Verein Bremen 37: 421-428.

RUNGE, F. (1974b): Vegetationsschwankungen im Rhynchosporetum II. - Mitt. Flor.-soziol. Arbeitsgem. N.F. 17: 23-26.

RUNGE, F. (1975b): Vegetationsentwicklung in einer aufgelassenen Wiese. - Ber. Intern. Symp. Intern. Vereinig. Veg.kde. Sukzessionsforschung Rinteln 1973: 555-558.

RUNGE, F. (1976): Vegetationsschwankungen in einer nassen Heide II. - Natur und Heimat 36: 70-72.

RUNGE, F. (1977): Die Vegetationsentwicklung in einer abgeplaggten, nassen Heide. - Natur und Heimat 37: 56-60.

RUNGE, F. (1981): Vegetationsschwankungen im Rhynchosporetum III. - Tuexenia, N.F. 1: 211-212.

RUNGE, F. (1985): Weitere Änderungen der Flora des Naturschutzgebietes „Heiliges Meer" bei Hopsten II. - Natur und Heimat 45: 47-53.

RUNGE, F. (1991): Die Pflanzengesellschaften des Naturschutzgebietes „Heiliges Meer" und ihre Änderungen in den letzten 90 Jahren - Natur und Heimat, Beiheft 1: 1-89.

RUNGE, F. (1997): Dauerquadratuntersuchungen in der nassen Heide des Naturschutzgebietes Heiliges Meer. - Natur und Heimat 57: 41-44.

RUNGE, F. (1998): Weitere Änderungen des Strauchbestandes einer neu angelegten Wallhecke. - Natur und Heimat 58: 19-20.

RUNGE, F. (1998): Schwankungen der Vegetation in der Meerbecke bei Hopsten infolge jährlicher „Räumung" II. - Natur und Heimat 58: 69-70.

RÜSCHE, E. (1939): Moostiere und Schwämme aus dem Naturschutzgebiet „Heiliges Meer". - Natur und Heimat 6: 19-20.

SCHILLER, W. (1973): Die Carabiden-Fauna des Naturschutzgebietes Hl. Meer, Krs. Tecklenburg. - Natur und Heimat 33: 111-118.

SCHLÜTER, M. (1997): Pollenanalytische Untersuchungen zur lokalen Vegetations- und Siedlungsentwicklung im geologischen Senkungsgebiet des Heiligen Meeres. - Dipl.-Arbeit Univ. Hannover: 100 S.

SCHMIDT, E. (1984): *Aeshna subarctica* Walker im NSG „Heiliges Meer"/Westfalen. - Libellula 3: 89-90.

SCHMIDT, G.W., T. BRENNER, L.U. STEINBERG, & U. WOLFF (1985): Zur Fischfauna der Naturschutzseen Großes Heiliges Meer und Erdfallsee in Hopsten, Nordrhein-Westfalen. - Natur und Landschaft 60: 87-89.

SCHROEDER, F.G. (1956): Zur Vegetationsgeschichte des Heiligen Meeres bei Hopsten (Westfalen). - Abh. Landesmus. Naturkde. Münster 18(2): 1-38.

SCHRÖPFER, R. (1966): Die Säugetierfauna im Gebiet des Heiligen Meeres. - Abh. Landesmus. Naturkde. Münster 28(1): 1-23.

SCHULLER, E. (1982): Die jahreszeitlich bedingten qualitativen und quantitativen Veränderungen der chemischen Parameter in einem stehenden Gewässer. - Staatsexamensarbeit, Univ. Münster : 219 S.

SCHWAR, A. (1900): Das heilige Meer bei Hopsten. - Jber. Westf. Prov. Ver. Wiss. Kunst 28: 74-75.

SEREDSZUS, F., H.O. REHAGE & W. WICHARD (2000): Phänologie der Köcherfliegen (Trichoptera) im NSG „Heiliges Meer" in Westfalen. - Verh. Westd. Entom. Tag 1999 : 225-232.

SIBBING, W. (1962): Studienwochen in der Biologischen Station „Heiliges Meer". - Praxis der Naturwissenschaften 11: 9-15.

SIEVERT, A. (1993): Untersuchungen zur Nematodenfauna von Stillgewässern. - Staatsexamensarbeit, Univ. Münster : 102 S.

TAAKE, K.-H. (1990): Zur Besiedlung von Althölzern und Fledermauskästen durch Waldfledermäuse. - NZ NRW-Seminarberichte 10: 57-58.

TERLUTTER, H. (2005): Erdfälle: Entstehung und Entwicklung natürlicher Kleingewässer im nördlichen Kreis Steinfurt. - Abh. Westf. Mus. Naturkunde Münster 67(3): 153-162.

THIERMANN, A. (1975a): Geologische Karte von NRW, Erläuterungen zu Blatt 3611 Hopsten. - Geologisches Landesamt NRW, Krefeld 214 S.

THIERMANN, A. (1975 b): Zur Geologie der Erdfälle des „Heiligen Feldes" im Tecklenburger Land/Westfalen. - Mitt. Geol.-Paläont. Inst. Univ.Hamburg 44: 517-530.

TIETZE, O. (1914): Der Erdfall vom 14. April 1913 in der Gemeinde Hopsten (Kreis Tecklenburg). - Jahrbuch der königl. Geolog. Landesanstalt für 1913 34: 648-657.

TIMMERMANN, K. (2003): Die Schwebfliegenfauna (Diptera: Syrphidae) des Naturschutzgebietes „Heiliges Meer" (Kreis Steinfurt). - Natur und Heimat 63: 97-108.

TRAUNSPURGER, W. & WEISCHER, B. (1993): Freilebende Süßwassernematoden aus dem Uferbereich im Naturschutzgebiet „Heiliges Meer". - Natur und Heimat 53: 83-91.

UTSCHICK, H. (1976): Die Wasservögel als Indikatoren für den ökologischen Zustand von Seen. - Verh. Orn. Ges. Bayern 22: 395-438.

WEBER, H.E. (1976): Die Brombeeren des Naturschutzgebietes „Heiliges Meer" bei Hopsten und seiner nächsten Umgebung. - Natur und Heimat 36: 73-84.

WEGNER, Th. (1913): Der Erdfall bei Hopsten (Westfalen). - Naturwissenschaftl. Wochenschrift N.F. 12 Nr. 21: 332-333.

WEGNER, Th. (1913): Der Erdfall bei Hopsten vom 14. April 1913. - Petermanns Mitt. aus J. Perthes Geograph. Anst.: 69-70.

WEINERT, M. (1999): Hydrogeologie, Hydrochemie und Isotopenhydrologie des Naturschutzgebietes „Heiliges Meer" (Recke/Nordrhein-Westfalen). - Diss. Univ. Münster: 338 S.

WEINERT, M., D. REMY & E.P. LÖHNERT (2000): Hydrogeologische Systemanalyse des Naturschutzgebietes „Heiliges Meer" (Kreis Steinfurt, Nordrhein-Westfalen). - Abh. Westf. Mus. Naturkunde Münster 62, Beiheft: 41-172.

WICHARD, W. & BEYER, H. (1972): Köcherfliegen (Trichoptera) im NSG Heiliges Meer in Westfalen. - Decheniana 125: 43-48.

WOELM, E. (1985): Beobachtungen zur Veränderung der Flechtenflora des Naturschutzgebietes „Heiliges Meer" bei Hopsten im Kreis Steinfurt. - Natur und Heimat 45: 20-25.

WULFERT, B. (1992): Untersuchungen zu den Mikrogesellschaften der Moose und Flechten der Waldtypen des Naturschutzgebietes „Heiliges Meer" - Diplom-Arbeit, Univ. Münster : 60 S.

WYGASCH, J. (1963): Zieralgen vom Erdfallsee. - Natur und Heimat 23: 106-112.

ZENS, K. (2003): Erfassung und Charakterisierung von Arachnozönosen (Arachnida: Araneae) im Naturschutzgebiet „Heiliges Meer" (Kreis Steinfurt): Ergebnisse einer einjährigen Untersuchung verschiedener Standorte unter Berücksichtigung phänologischer Aspekte. - Dipl.-Arbeit Univ. Münster : 67 S.

12. Anhang

Bärlappgewächse	*Lycopodiaceae*
Gemeiner Moorbärlapp	*Lycopodiella inundata*
Gemeiner Flachbärlapp	*Lycopodium complanatum*
Schachtelhalmgewächse	*Equisetaceae*
Teich - Schachtelhalm	*Equisetum fluviatile*
Sumpf - Schachtelhalm	*Equisetum palustre*
Natternzungengewächse	*Ophioglossaceae*
Mondraute	*Botrychium lunaria*
Natternzunge	*Ophioglossum vulgatum*
Rispenfarngewächse	*Osmundaceae*
Königsfarn	*Osmunda regalis*
Sumpffarngewächse	*Thelypteridaceae*
Sumpffarn	*Thelypteris thelypteroides*
Frauenfarngewächse	*Athyriaceae*
Gemeiner Frauenfarn	*Athyrium filix-femina*
Schildfarngewächse	*Aspidiaceae*
Dornfarn	*Dryopteris carthusiana*
Tüpfelfarngewächse	*Polypodiaceae*
Gemeiner Tüpfelfarn	*Polypodium vulgare*
Kleefarngewächse	*Marsiliaceae*
Pillenfarn	*Pilularia globulifera*
Kieferngewächse	*Pinaceae*
Europäische Lärche	*Larix decidua*
Gemeine Kiefer	*Pinus silvestris*
Zypressengewächse	*Cupressaceae*
Gemeiner Wachholder	*Juniperus communis*
Seerosengewächse	*Nymphaceae*
Gelbe Teichrose	*Nuphar luteum*
Weiße Seerose	*Nymphaea alba*
Hornblattgewächse	*Ceratophyllaceae*
Hornblatt	*Ceratophyllum spec.*
Hahnenfußgewächse	*Ranunculaceae*
Sumpfdotterblume	*Caltha palustris*
Scharfer Hahnenfuß	*Ranunculus acris*
Gemeiner Wasserhahnenfuß	*Ranunculus aquatilis*
Spreizender Wasserhahnenfuß	*Ranunculus circinatus*
Brennender Hahnenfuß	*Ranunculus flammula*
Zungen - Hahnenfuß	*Ranunculus lingua*
Kriechender hahnenfuß	*Ranunculus repens*
Erdrauchgewächse	*Fumariaceae*
Ranken - Lerchensporn	*Corydalis claviculata*
Buchengewächse	*Fagaceae*
Rot - Buche	*Fagus silvatica*
Sumpf - Eiche	*Quercus palustris*
Stiel - Eiche	*Quercus robur*
Birkengewächse	*Betulaceae*
Hänge - Birke	*Betula pendula*
Moor - Birke	*Betula pubescens*
Schwarz - Erle	*Alnus glutinosa*
Grau - Erle	*Alnus incana*
Haselgewächse	*Corylaceae*
Gemeine Hasel	*Corylus avellana*
Gagelgewächse	*Myricaceae*
Gagelstrauch	*Myrica gale*
Brennnesselgewächse	*Urticaceae*
Große Brennnessel	*Urtica dioica*
Kleine Brennnessel	*Urtica urens*
Nelkengewächse	*Caryophyllaceae*
Quendel - Sandkraut	*Arenaria serpyllifolia*
Fünfmänniges Hornkraut	*Cerastium semidecandrum*
Acker - Hornkraut	*Cerastium arvense*
Gemeines Hornkraut	*Cerastium holosteoides*
Kuckucks - Lichtnelke	*Lychnis flos-cuculi*
Dreinervige Nabelmiere	*Moehringia trinervia*
Liegendes Mastkraut	*Sagina procumbens*
Einjähriger Knäuel	*Scleranthus annus*
Frühlings - Spark	*Spergula morisonii*
Rote Schuppenmiere	*Spergularia rubra*
Gras - Sternmiere	*Stellaria graminea*
Echte Sternmiere	*Stellaria holostea*
Vogelmiere	*Stellaria media*
Graugrüne Sternmiere	*Stellaria palustris*
Quell - Sternmiere	*Stellaria uliginosa*
Knöterichgewächse	*Polygonaceae*
Wasser - Knöterich	*Polygonum amphibium*
Wasserpfeffer	*Polygonum hydropiper*
Wiesen - Sauerampfer	*Rumex acetosa*
Kleiner Ampfer	*Rumex acetosella*
Hoher Ampfer	*Rumex hydrolapathum*

Stumpfblättriger Ampfer	*Rumex obtusifolius*	**Rosengewächse**	*Rosaceae*
Schmalblättriger Ampfer	*Rumex tenuifolius*	Kanadische Felsenbirne	*Amelanchier lamarckii*
Hartheugewächse	*Hypericaceae*	Gemeiner Ackerfrauenmantel	*Aphanes arvensis*
Sumpf - Hartheu	*Hypericum elodes*	Kleinfrüchtiger Ackerfrauenmantel	*Aphanes microcarpa*
Tüpfel - Johanniskraut	*Hypericum perforatum*	Sumpf - Blutauge	*Comarum palustre*
Flügel - Johanniskraut	*Hypericum tetrapterum*	Echtes Mädesüß	*Filipendula ulmaria*
Veilchengewächse	*Violaceae*	Wald - Erdbeere	*Fragaria vesca*
Hunds - Veilchen	*Viola canina*	Kultur - Apfel	*Malus domestica*
Sumpf - Veilchen	*Viola palustris*	Deutsche Mispel	*Mespilus germanica*
Wald - Veilchen	*Viola reichenbachiana*	Traubenkirsche	*Padus avium*
Wildes Stiefmütterchen	*Viola tricolor*	Gänse - Fingerkraut	*Potentilla anserina*
Kreuzblütengewächse	*Cruciferae*	Blutwurz	*Potentilla erecta*
Wiesen - Schaumkraut	*Cardamine pratensis*	Hunds - Rose	*Rosa canina*
Frühlings - Hungerblümchen	*Erophila verna*		*Rubus affinis*
Wasserkresse	*Rorippa amphibia*		*Rubus allegheniensis*
Bauernsenf	*Teesdalia nudicaulis*		*Rubus ammobius*
Weidengewächse	*Salicaceae*		*Rubus armeniacus*
Zitter - Pappel	*Populus tremula*	Kratzbeere	*Rubus caecius*
Silber - Weide	*Salix alba*		*Rubus chloocladus*
Ohr - Weide	*Salix aurita*		*Rubus ciliatus*
Sal -Weide	*Salix caprea*		*Rubus conothyrsoides*
Grau - Weide	*Salix cinerea*		*Rubus divaricatus*
Bruch - Weide	*Salix fragilis*	Angenehme Brombeere	*Rubus gratus*
Lorbeer - Weide	*Salix pentandra*	Himbeere	*Rubus idaeus*
Kriech - Weide	*Salix repens*		*Rubus laevicaulis*
Wintergrüngewächse	*Pyrolaceae*	Aufrechte Brombeere	*Rubus nessensis*
Echter Fichtenspargel	*Monotropa hypopitys*		*Rubus opacus*
Kleines Wintergrün	*Pyrola minor*	Rotborstige Himbeere	*Rubus phoeniculasius*
Heidekrautgewächse	*Ericaceae*	Faltblättrige Bombeere	*Rubus plicatus*
Rosmarinheide	*Andromeda polifolia*	Pyramiden - Brombeere	*Rubus pyramidalis*
Besenheide	*Calluna vulgaris*		*Rubus scissus*
Glockenheide	*Erica tetralix*	Wald - Brombeere	*Rubus silvaticus*
Blaubeere	*Vaccinium myrtillus*	Ulmenblättrige Brombeere	*Rubus ulmifolius*
Gemeine Moosbeere	*Vaccinium oxycoccus*	Eberesche	*Sorbus aucuparia*
Preiselbeere	*Vaccinium vitis-idaea*	**Stachelbeergewächse**	*Grossulariaceae*
Krähenbeerengewächse	*Empetraceae*	Schwarze Johannisbeere	*Ribes nigrum*
Gemeine Krähenbeere	*Empetrum nigrum*	**Sonnentaugewächse**	*Droseraceae*
Primelgewächse	*Primulaceae*	Mittlerer Sonnentau	*Drosera intermedia*
Wasserfeder	*Hottonia palustris*	Rundblättriger Sonnentau	*Drosera rotundifolia*
Strauß - Gilbweiderich	*Lysimachia thyrsiflora*	**Schmetterlingsblütengewächse**	*Papilonaceae*
Gemeiner Gilbweiderich	*Lysimachia vulgaris*	Englischer Ginster	*Genista anglica*
Europäischer Siebenstern	*Trientalis europaea*	Haar - Ginster	*Genista pilosa*

Färber - Ginster	*Genista tinctoria*	Untergetauchter Scheiberich	*Apium inundatum*
Sumpf - Hornklee	*Lotus uliginosus*	Wasserschierling	*Cicuta virosa*
Hopfenklee	*Medicago lupulina*	Röhriger Wasserfenchel	*Oenanthe fistulosa*
Weißer Steinklee	*Melilotus alba*	Sumpf - Haarstrang	*Peucedanum palustre*
Vogelfuß	*Ornithopus perpusillus*	Breitblättriger Merk	*Sium latifolium*
Feld - Klee	*Trifolium campestre*	Gemeiner Kletterkerbel	*Torilis japonica*
Kleiner Klee	*Trifolium dubium*	**Stechpalmengewächse**	**Aquifoliaceae**
Rot - Klee	*Trifolium pratense*	Stechpalme	*Ilex aquifolium*
Weiß - Klee	*Trifolium repens*	**Kreuzdorngewächse**	**Rhamnaceae**
Schmalblättrige Wicke	*Vicia angustifolia*	Faulbaum	*Frangula alnus*
Ahorngewächse	**Aceraceae**	Echter Kreuzdorn	*Rhamnus cathartica*
Spitz - Ahorn	*Acer platanoides*	**Ölbaumgewächse**	**Oleaceae**
Berg - Ahorn	*Acer pseudoplatanus*	Gemeiner Liguster	*Ligustrum vulgare*
Balsaminengewächse	**Balsaminaceae**	**Fieberkleegewächse**	**Menyanthaceae**
Drüsiges Springkraut	*Impatiens glandulifera*	Fieberklee	*Menyanthes trifoliata*
Kleinblütiges Springkraut	*Impatiens parviflora*	**Enziangewächse**	**Gentianaceae**
Leingewächse	**Linaceae**	Echtes Tausendgüldenkraut	*Centaurium erythraea*
Wiesen - Lein	*Linum catharticum*	Heide - Zindelkraut	*Cicendia filiformis*
Sauerkleegewächse	**Oxalidaceae**	Lungen - Enzian	*Gentiana pneumonanthe*
Europäischer Sauerklee	*Oxalis fontana*	**Hundsgiftgewächse**	**Apocynaceae**
Storchschnabelgewächse	**Geraniaceae**	Kleines Immergrün	*Vinca minor*
Gemeiner Reiherschnabel	*Erodium cicutarium*	**Rötegewächse**	**Rubiaceae**
Zwerg - Storchschnabel	*Geranium pusillum*	Kletten - Labkraut	*Galium aparine*
Kreuzblümchengewächse	**Polygalaceae**	Harz - Labkraut	*Galium harcynicum*
Quendel - Kreuzblümchen	*Polygala serpyllifolia*	Wiesen - Labkraut	*Galium mollugo*
Gemeines Kreuzblümchen	*Polygala vulgaris*	Sumpf - Labkraut	*Galium palustre*
Blutweiderichgewächse	**Lythraceae**	Moor - Labkraut	*Galium uliginosum*
Gemeiner Blutweiderich	*Lythrum salicariae*	**Geißblattgewächse**	**Caprifoliaceae**
Nachtkerzengewächse	**Onagraceae**	Deutsches Geißblatt	*Lonicera periclymenum*
Schmalblättriges Weidenröschen	*Epilobium angustifolium*	Schwarzer Holunder	*Sambucus nigra*
Rauhhaariges Weidenröschen	*Epilobium hirsutum*	Roter Holunder	*Sambucus racemosa*
Sumpf - Weidenröschen	*Epilobium palustre*	Gemeiner Schneeball	*Viburnum opulus*
Kleinblütiges Weidenröschen	*Epilobium parviflorum*	**Baldriangewächse**	**Valerianaceae**
Seebeerengewächse	**Haloragaceae**	Kleiner Baldrian	*Valeriana dioica*
Ähren - Tausendblatt	*Myriophyllum spicatum*	Kriechender Baldrian	*Valeriana repens*
Quirl - Tausendblatt	*Myriophyllum verticillatum*	**Kardengewächse**	**Dipsacaceae**
Hartriegelgewächse	**Cornaceae**	Teufelsabbiß	*Succisa pratensis*
Roter Hartriegel	*Cornus sanguinea*	**Seidegewächse**	**Cuscutaceae**
Wassernabelgewächse	**Hydrocotylaceae**	Quendel -Seide	*Cuscuta epithymum*
Gemeiner Wassernabel	*Hydrocotyle vulgaris*	**Borretschgewächse**	**Boraginaceae**
Doldengewächse	**Umbelliferae**	Sumpf -Vergißmeinnicht	*Myosotis palustris*
Wald - Engelwurz	*Angelica silvestris*		

Nachtschattengewächse	*Solanaceae*
Bittersüßer Nachtschatten	*Solanum dulcamara*
Schwarzer Nachtschatten	*Solanum nigrum*
Braunwurzgewächse	*Scrophulariaceae*
Roter Fingerhut	*Digitalis purpurea*
Wiesen - Wachtelweizen	*Melampyrum pratense*
Sumpf - Läusekraut	*Pedicularis palustris*
Wald - läusekraut	*Pedicularis sylvatica*
Feld - Ehrenpreis	*Veronica arvensis*
Gamander - Ehrenpreis	*Veronica chamaedrys*
Echter Ehrenpreis	*Veronica officinalis*
Schild - Ehrenpreis	*Veronica scutellata*
Quendel - Ehrenpreis	*Veronica serpyllifolia*
Wasserschlauchgewächse	*Lentibulariaceae*
Echtes Fettkraut	*Pinguicula vulgaris*
Südlicher Wasserschlauch	*Utricularia australis*
Kleiner Wasserschlauch	*Utricularia minor*
Wegerichgewächse	*Plantaginaceae*
Strandling	*Littorella uniflora*
Krähenfuß - Wegerich	*Plantago coronopus*
Spitz - Wegerich	*Plantago lanceolata*
Breit - Wegerich	*Plantago major*
Lippenblütengewächse	*Labiatae*
Kleinblütiger Hohlzahn	*Galeopsis bifida*
Stechender Hohlzahn	*Galeopsis tetrahit*
Ufer - Wolfstrapp	*Lycopus europaeus*
Wasser - Minze	*Mentha aquatica*
Rundblättrige Minze	*Mentha suaveolens*
Gemeine Braunelle	*Prunella vulgaris*
Gemeines Helmkraut	*Scutellaria galericulata*
Sumpf - Ziest	*Stachys palustris*
Sand - Thymian	*Thymus serpyllum*
Glockenblumengewächse	*Campanulaceae*
Rundblättrige Glockenblume	*Campanula rotundifolia*
Lobeliengewächse	*Lobeliaceae*
Wasser - Lobelie	*Lobelia dortmanna*
Korbblütemgewächse	*Compositae*
Gemeine Scharfgarbe	*Achillea millefolium*
Sumpf - Scharfgarbe	*Achillea ptarmica*
Gemeines Katzenpfötchen	*Antennaria dioica*
Arnika	*Arnica montana*
Gänseblümchen	*Bellis perennis*
Nickender Zweizahn	*Bidens cernua*
Schwarzfrüchtiger Zweizahn	*Bidens frondosa*
Dreiteiliger Zweizahn	*Bidens tripartita*
Silberdistel	*Carlina acaulis*
Wiesen - Flockenblume	*Centaurea jacea*
Acker - Kratzdistel	*Cirsium arvense*
Sumpf - Kratzdistel	*Cirsium palustre*
Lanzett - Kratzdistel	*Cirsium vulgare*
Kannadisches Berufskraut	*Conyza canadensis*
Kleinköpfiger Pippau	*Crepis capillaris*
Gemeiner Wasserdost	*Eupatorium cannabinum*
Gemeines Habichtskraut	*Hieracium lachenalii*
Gllattes Habichtskraut	*Hieracium laevigatum*
Kleines Habichtskraut	*Hieracium pilosella*
Herbst - Löwenzahn	*Leontodon autumnalis*
Nickender Löwenzahn	*Leontodon saxatilis*
Wiesen - Magerite	*Leucanthemum vulgare*
Moor - Greiskraut	*Senecio congestus*
Jakobs - Greiskraut	*Senecio jacobaea*
Klebriges Greiskraut	*Senecio viscosus*
Rainfarn	*Tanacetum vulgare*
Gemeiner Löwenzahn	*Taraxacum officinalis*
Huflattich	*Tussilago farfara*
Froschlöffelgewächse	*Alismataceae*
Gemeiner Froschlöffel	*Alisma plantago-aquatica*
Igelschlauch	*Baldellia ranunculoides*
Froschkraut	*Luronium natans*
Froschbißgewächse	*Hydrocharitaceae*
Kanadische Wasserpest	*Elodea canadensis*
Froschbiß	*Hydrocharis morsus-ranae*
Dreizackgewächse	*Juncaginaceae*
Sumpf-Dreizack	*Triglochin palustre*
Laichkrautgewächse	*Potamogetonaceae*
Krauses Laichkraut	*Potamogeton crispus*
Gras - Laichkraut	*Potamogeton gramineus*
Schwimmendes Laichkraut	*Potamogeton natans*
Stumpfblättriges Laichkraut	*Potamogeton obtusifolius*
Durchwachsenes Laichkraut	*Potamogeton perfoliatus*
Knöterich - Laichkraut	*Potamogeton polygonifolius*
Teichfadengewächse	*Zannichelliaceae*
Sunpf - Teichfaden	*Zannichellia palustris*

Liliengewächse	*Liliaceae*	Schnabel - Segge	*Carex rostrata*
Zweiblättrige Schattenblume	*Majanthemum bifolium*	Igel - Segge	*Carex stellulata*
Beinbrech	*Narthecium ossifragum*	Blasen - Segge	*Carex vesicaria*
Dolden - Milchstern	*Ornithogalum umbellatum*	Binsen - Schneide	*Cladium mariscus*
Vielblütige Weißwurz	*Polygonatum multiflorum*	Nadel - Simse	*Eleocharis acicularis*
Schwertliliengewächse	*Iridaceae*	Zitzen - Simse	*Eleocharis mammillatus*
Wasser - Schwertlilie	*Iris pseudacorus*	Vielstengelige Simse	*Eleocharis multicaulis*
Knabenkrautgewächse	*Orchidaceae*	Gemeine Simse	*Eleocharis palustris*
Geflecktes Knabenkraut	*Dactylorhiza maculata*	Wenigblütige Simse	*Eleocharis quinqueflora*
Breitblättrige Stendelwurz	*Epipactis helleborine*	Schmalblättriges Wollgras	*Eriophorum angustifolium*
Sumpfwurz	*Epipactis palustris*	Scheidiges Wollgras	*Eriophorum vaginatum*
Sumpf - Weichwurz	*Hammarbya paludosa*	Flutende Tauchsimse	*Isolepis fluitans*
Großes Zweiblatt	*Listera ovata*	Borstige Schuppensimse	*Isolepis setaceus*
Weiße Waldhyazinthe	*Platanthera bifolia*	Weißes Schnabelried	*Rhynchospora alba*
Binsengewächse	*Juncaceae*	Braunes Schnabelried	*Rhynchospora fusca*
Spitzblütige Binse	*Juncus acutiflorus*	Gemeine Teichsimse	*Schoenoplectus lacustris*
Glieder - Binse	*Juncus articulatus*	Salz - Teichsimse	*Scirpus tabernaemontani*
Zwiebel - Binse	*Juncus bulbosus*	Rasige Haarsimse	*Trichophorum germanicum*
Knäuel - Binse	*Juncus conglomeratus*	**Süßgräser**	*Gramineae*
Flatter - Binse	*Juncus effusus*	Gemeine Quecke	*Agropyron repens*
Faden - Binse	*Juncus filiformis*	Hunds - Straußgras	*Agrostis canina*
Sparrige Binse	*Juncus squarrosus*	Schmalrispiges Straußgras	*Agrostis coarctata*
Sand - Binse	*Juncus tenageia*	Riesen - Straußgras	*Agrostis gigantea*
Zarte Binse	*Juncus tenuis*	Weißes Straußgras	*Agrostis stolonifera*
Gemeine Hainsimse	*Luzula campestris*	Rot - Straußgras	*Agrostis tenuis*
Vielblütige Hainsimse	*Luzula multiflora*	Nelken - Haferschmiele	*Aira caryophyllea*
Sauergräser	*Cyperaceae*	Frühe Haferschmiele	*Aira praecox*
Sumpf - Segge	*Carex acutiformis*	Gemeines Ruchgras	*Anthoxanthum odoratum*
Grau - Segge	*Carex canescens*	Wald - Zwenke	*Brachypodium sylvaticum*
Draht - Segge	*Carex diandra*	Gemeines Zittergras	*Briza media*
Steif - Segge	*Carex elata*	Unbegrannte Trespe	*Bromus inermis*
Langährige Segge	*Carex elongata*	Sumpf - Reitgras	*Calamagrostis canescens*
Schlank - Segge	*Carex gracilis*	Silbergras	*Corynephorus canescens*
Faden - Segge	*Carex lasiocarpa*	Dreizahn	*Danthonia decumbens*
Hasenpfoten - Segge	*Carex leporina*	Rasen - Schmiele	*Deschampsia cespitosa*
Wiesen - Segge	*Carex nigra*	Draht - Schmiele	*Deschampsia flexuosa*
Späte Gelb - Segge	*Carex oederi*	Borst - Schmiele	*Deschampsia setacea*
Bleich - Segge	*Carex pallescens*	Echter Schaf - Schwingel	*Festuca ovina*
Hirse - Segge	*Carex panicea*	Rot - Schwingel	*Festuca rubra*
Rispen - Segge	*Carex paniculata*	Haar - Schwingel	*Festuca tenuifolia*
Pillen - Segge	*Carex pilulifera*	Blaugrüner Schwaden	*Glyceria declinata*
Zypergas - Segge	*Carex pseudocyperus*	Flutender Schwaden	*Glyceria fluitans*

Wolliges Honiggras	*Holcus lanatus*
Weiches Honiggras	*Holcus mollis*
Deutsches Weidelgras	*Lolium perenne*
Pfeifengras	*Molinia caerulea*
Borstgras	*Nardus stricta*
Gemeines Schilf	*Phragmites australis*
Einjähriges Rispengras	*Poa annua*
Wiesen - Rispengras	*Poa pratensis*
Gemeines Rispengras	*Poa trivialis*
Aronstabgewächse	***Araceae***
Kalmus	*Acorus calamus*
Wasserlinsengewächse	***Lemnaceae***
Kleine Wasserlinse	*Lemna minor*
Untergetauchte Wasserlinse	*Lemna trisulca*
Vielwurzelige Teichlinse	*Spirodela polyrhiza*
Igelkolbengewächse	***Sparganiaceae***
Schmalblättriger Igelkolben	*Sparganium angustifolium*
Ästiger Igelkolben	*Sparganium erectum*
Zwerg - Igelkolben	*Sparganium minimum*
Rohrkolbengewächse	***Thyphaceae***
Schmalblättriger Rohrkolben	*Thypha angustifolia*
Breitblättriger Rohrkolben	*Thypha latifolia*

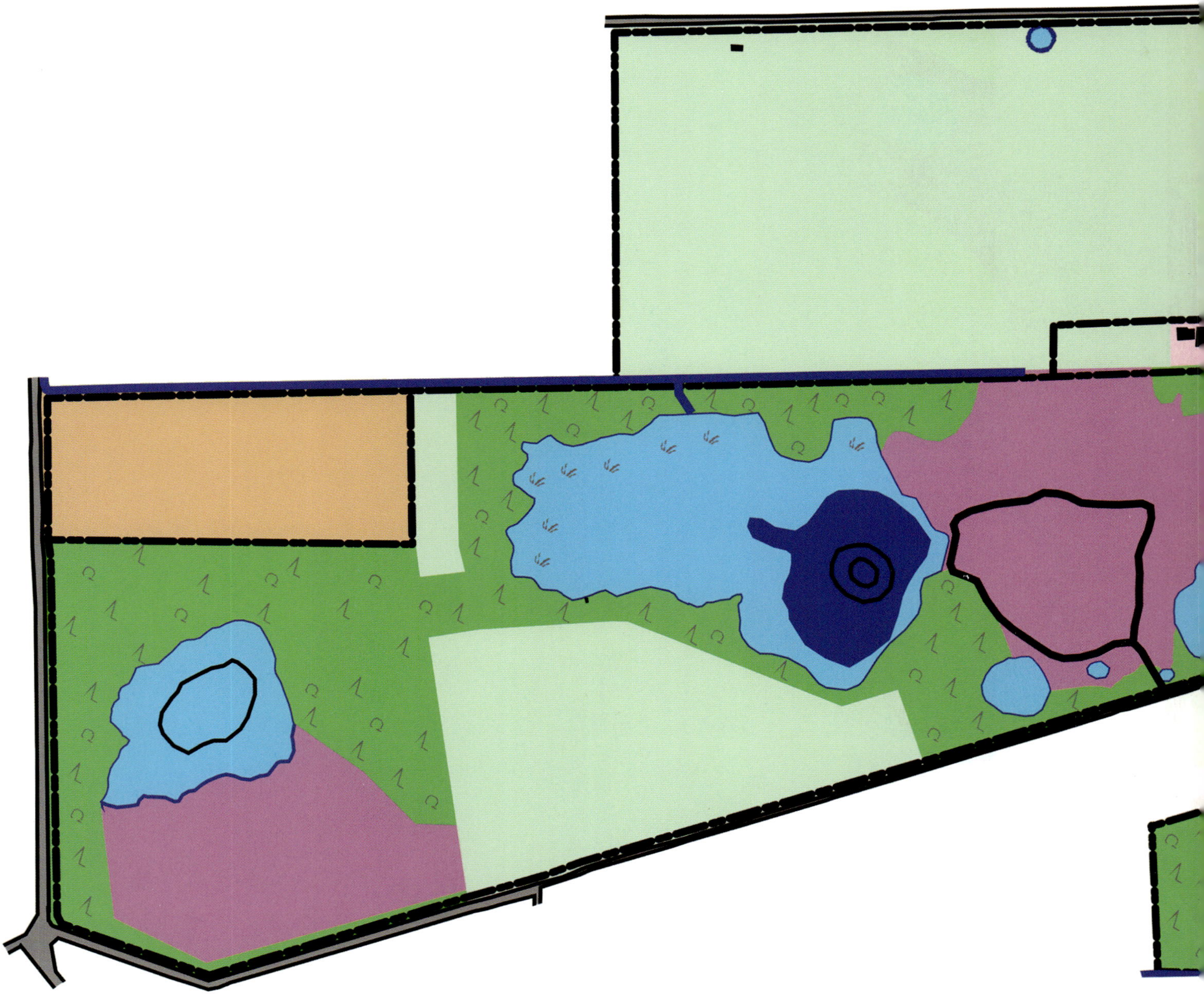